KB260911

선교지에서 선교사를 파송한
감동의 선교 드라마

고구마 생쥬스

'고구마 생 쥬스(Gugma sang Dios)' 는 저자가
선교사역을 하고 있는 지역의 원주민이
사용하는 일롱고어로
'하나님의 사랑' 이란
의미입니다.

초판 1쇄 인쇄 | 2004년 4월 15일
초판 1쇄 발행 | 2004년 4월 20일
지은이 | 서태원
펴낸이 | 김순희
펴낸곳 | 해피데이
주   소 | 서울시 금천구 독산동 1000-7
전   화 | (02)895-7731
팩   스 | (02)892-7247
등록번호 | 제 18-154호 2004.1.12
ISBN | 89-91078-02-8 03230
공급처 | 가리온(02)895-7731
총   판 | (주)두란노
          전화(02)794-5100
          팩스(02)797-0965
❖ 잘못된 책은 바꾸어 드립니다.

선교지에서 선교사를 파송한
감동의 선교 드라마

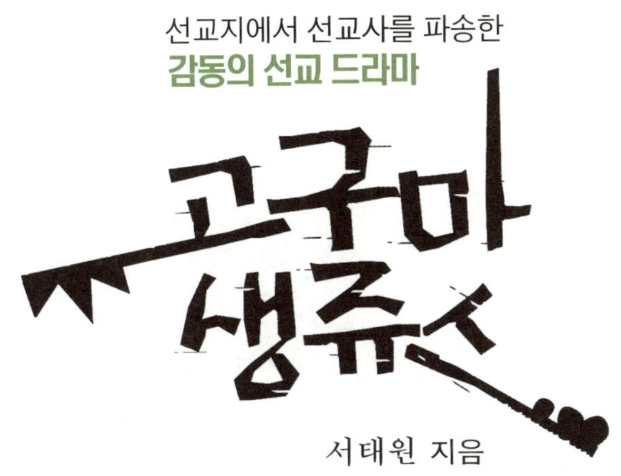

고구마 생쥬스

서태원 지음

해피데이

바울선교회 이사장, 전주 안디옥 교회 이 동휘 담임목사

21세기 선교의 가장 중요한 방향은 선교지에서 선교사를 키워 재파송하는 일입니다.

바울선교회는 이 사역이 가장 중요한 사역 중의 하나로 생각하며 정진하고 있습니다.

서 태원 선교사는 본 선교회 소속 선교사로서 선교지에서 선교사를 훈련시키며 파송하는 사역에 최선을 다해 왔으며, 필리핀에서 훈련한 사람들 중 캄보디아와 태국으로 선교사를 파송하였고 또 많은 사역자들을 훈련시키고 있습니다.

선교지에서 양성한 지도자를 선교사로 파송하는 것이야말로 가장 효과적이며 실제적인 선교사역일 것입니다.

이 책이 한국교회 선교 발전과 선교사 후보생들에게 귀한 도전을 줄 것을 의심치 않으며 기쁜 마음으로 추천합니다.

국제사랑의봉사단 이사장 황 성주 박사

❀   선교지에서 현지인들에게 서 태원 선교사만큼 존경받고 인정되는 분을 본 적이 없습니다.

그는 복음에 열정적이며 겸손한 분이십니다. 필리핀 일로일로는 선교사 후보생을 훈련하는 국제선교사관학교로 사용되기에 적합합니다.

또한 서 태원 선교사님의 인격과 사역이 선교사 후보생들을 훈련하며 파송해 가는데 큰 유익이 있을 겁니다.

책으로 출간된 서 태원 선교사의 사역들이 한국교회의 선교사역에 귀한 지침들이 될 것을 확신하며 강력 추천합니다.

명일성결교회 노 희석 담임목사

❀   서 태원 선교사는 우리교회에서 목사안수를 받았으며 선교사로 부름 받아서 지금까지 변함없이 성실하게 사역해 가는 사역자입니다. 필리핀에서 15년 동안의 사역이 진행되는 동안 변함없고 한결같은 모습으로 주님 앞에 충성되게 섬겨 왔습니다.

그동안 하나님께서 서 태원 선교사를 통해 베푸신 크신 사역들이 책으로 출간되게 되었습니다.

이 책은 하나님과 그 백성을 향한 서 태원 선교사의 눈물과 기도의 흔적들입니다. 선교사로 지망하는 사람들에게 그의 삶의 모범은 귀한 도전이 될 것입니다.

백합선교회 고문, 시온교회 신 순민 장로

직장 선교를 위해 매주 목요일 마다 점심시간에 직장에서 구역예배를 드리며, 매일 점심시간 마다 1,700명이 식사하는 구내식당 17곳을 돌며 전도하며, 교회에 한번도 나오지 않았지만 바닷가에 사는 한 학생을 위해 3년간 하루도 빠지지 않고 심방한 청년이 있었습니다.

전도사 시절 주정꾼, 걸인, 노숙자와 함께 밤을 지세우며 기도하던 청년이 있었습니다.그 청년이 선교사로 부름 받아 15년이 지났습니다. 230여 명의 현지 목회자를 훈련시켰으며, 5만평 부지위에 신학교를 세웠고, 200여개의 교회를 협력개척하고 130여개의 교회 건물을 지었습니다.

한결같은 헌신과 순수함으로 사역해 온 작은 거인 서 태원 선교사의 사역이 한국교회 선교에 귀한 도움이 될 것을 확신하며 추천합니다.

부천 참좋은교회 김 원교 담임목사

서 태원 선교사는 뜨거운 열정과 추진력이 있는 사역자입니다. 교회 개척과 교회 건축을 복음전파의 한 장으로 활용하였습니다. 그가 진행한 개척과 건축 사역을 오랫동안 지켜보며 동역하면서 진실되며 바른 목회자임을 보아 왔습니다.

그는 자신보다 현지 교회와 현지 목회자들을 위해 울며 기도하는 따뜻한 가슴을 가진 사역자입니다.

이 책은 독자들의 가슴을 그리스도의 사랑으로 다시금 따뜻하게 해 줄 것입니다.

　"그리스도가 없는 가슴마다 선교지이며 그리스도로 거듭난 자 마다 선교사이다." 또한 "누구든지 해야 되고 또 누구든지 할 수 있는" 바로 이 '선교'가 이제 우리 한국교회에 매우 친숙한 단어가 되었다. 순교의 피로 복음의 씨앗을 받아 터가 굳어진 우리 한국교회는 지난 1세기동안 참으로 놀라운 성장을 거듭해 왔다. 이제 선교 2세기의 문턱을 넘어서면서 선교사를 훈련하고 파송하며 후원하게 되었다.

　이러한 시기에 지금으로부터 약 25년 전에 주님께서 부족한 나를 선교사로 부르시고 훈련 시키셔서 지난 1990년 3월에 본인이 현재 사역하고 있는 필리핀 중부지방 파나이섬 일로일로에 온 가족과 함께 파송 시켜 주셨다.

　주님께서 부르신 목적대로 약 15년간 선교현장에서 잃어버린 영혼들을 구원하며 하나님의 나라를 건설하는데 쓰임 받게 됨을 생각 할 때에 감사의 눈물을 흘리지 아니할 수 없음을 고백한다.

　또한 부족한 나의 가족이 오늘에 이르기까지 선교지에서 승리할 수 있도록 하루도 빠짐없이 그 간절한 기도와 향기로운 물질로 성원하여 주신 우리 백합선교회 강 병도 회장님을 비롯한 사랑하는 임원(나 덕화, 서 광종 집사님, 이 유승 형제님, 이 지영 자매님 등) 여러분들과 전국에 흩어져 있는 회원들에게 우리 주님의 귀하신 이름으로 감사를 드린다.

그리고 일찍이 국내,외 선교훈련을 담당하여 주시고 주님을 대신하여 선교사의 길을 가는데 안내자가 되어 주신 존경하옵는 바울선교회 이 동휘 목사님과 한 도수 본부장님 그리고 울산광장교회의 구 재상 목사님과 태영 선교회를 비롯한 전국에 계신 여러 한국교회 목사님과 장로님들, 그리고 성도님들에게 감사드린다.

특별히 선교사 파송을 준비하며 협력하여 주신 명일성결교회 노 희석 목사님과 부천 참좋은교회 김 원교 목사님을 비롯한 여러 선교 동역자 여러분들에게 말 할 수 없는 감사의 말씀을 올린다.

또한 단기선교활동으로 저희 사역지를 다녀 가신 분들과 여러 교회 들에 감사드린다.

더우기 이곳에서 함께 선교사역에 동참하며 사역하고 계시는 장 영목 목사님, 박 용철 목사님 가정 및 자비량 평신도 선교사로 수고하시는 장 인석 집사님, 정 한 집사님 가족들에도 감사드린다.

뿐만 아니라 자식을 선교지에 보내고 하루도 빠짐없이 눈물의 기도를 아끼지 아니하신 어머니 이 병옥 권사님과 가족, 친지들 그리고 선교지에 끝까지 한 알의 썩어지는 밀알로 남기 위해 새벽 3시부터 기도의 줄을 잡아 주며 신앙의 3대 액체로 불리우는 눈물과 땀 그리고 피를 흘리며 동역해 온 사랑하는 아내 김 미화 선교사와 선교지에서 언어의 장벽과 문화적 충격을 함께 넘으며 사역해온 사랑하는 딸들 지혜, 은혜에게도 뜨거운 사랑의 인사를 나누고 싶다.

사역의 바쁜 일정관계로 엄두도 내지 못한 출간을 가능하도록 부족한 자료와 글들을 정리해 주며 책이 출간되기까지 사랑의 수고를 아끼지 아니하시며 도와주신 오대희 목사님과 먼 이곳까지 와서 사역지를 돌아보며 사진촬영으로 도와주신 박 다움 자매에게 감사드리며, 또한 출간을 허락해 주신 해피데이 출판사에도 감사드린다.

　바라옵기는 우리의 이 모든 사역이 한국교회와 선교단체 및 현지 선교사와 선교사 후보생들에게 선교의 불을 지피며 선교의 열정으로 불타오르는 선교의 도화선이 되어 우리 안에 선교의 비젼과 도전 그리고 그 기쁨을 함께 나눌 수 있기를 주님께 기도드리며 이 조그마한 책을 통해서 영광 받으실 하나님께 경배와 찬양과 영광을 돌려 드린다.

2004년 4월 일로일로에서

차례

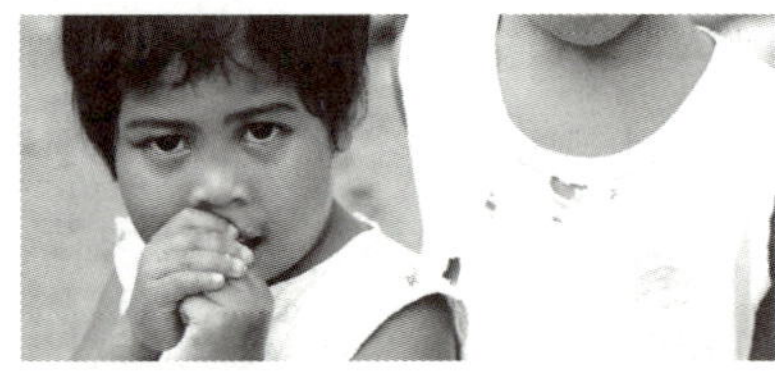

1 아띠를 아시나요?

WIN
THE
WORLD
FOR
CHRIST

　　"고구마를 팔아서 그렇게 선교하니까 참 귀하네요. 그런데 누가 필리핀 고구마를 한국에 팔아줍니까? 중간 비즈니스는 누가합니까? 고구마로 쥬스도 만드는 모양이지요? 참 귀한 일들을 하시네요." 라며 여러 가지 질문들을 했다. 한동안 이야기를 주고받으면서도 서로가 뭔가를 잘못 이해하고 다른 이야기를 하고 있는 듯한 느낌을 받았다.

　　"아, 목사님, 고구마는 그게 아닙니다. 고구마는 일롱고어로 사랑이라는 뜻이고요. 생은 조사고 죠스는 하나님이란 뜻입니다. 그래서 고구마 생 죠스를 고구마 생 쥬스라고 부르는데 하나님의 사랑이란 뜻이죠. 선교지에 다녀간 사람들이 까페를 만들었는데 거기서 모임도 하고, 선교비 후원도 하고 그럽니다. 그 까페 이름이 고구마 생 쥬스입니다. 하나님의 사랑 안에서 계속 교제하며 선교하자는 사이트구요. 거기서 고구마는 안 팔아요." 그러자 오대회 목사님은 조금 멋쩍어 했고 둘은 한참을 웃었다.

한국단기사역자들이 현지를 방문해서 사역을 할 경우 그레이트 비전교회를 중심으로 해서 사역을 진행하게 된다. 그래서 그들이 한국에 돌아온 후에도 그레이트 비전교회와 계속해서 교류하며 기도하며 선교의 소식들을 전하고 있다

오 목사님은 선교지에 여러 번 방문해서 신학교 학생들이 먹을 것이 없고 가난 때문에 힘이 들어 고구마를 직접 농사지어 그것을 캐 먹으면서 살아가고 있다는 것을 알고 계셨다. 그래서 내가 현장에 다녀간 분들이 만나는 인터넷 다음까페를 이야기했을 때 신학생들이 이분들에게 고구마를 팔아서 후원금을 마련하고 있는 줄로 아셨던 것이다.

1
아띠를 아시나요?

하나님, 바나나가 먹고 싶어요.

우리는 복음을 전하며 세워진 교회들을 견고히 하기 위해 계속해서 방문을 해야 했다. 때로는 차가 들어가지 않아 몇 시간을 걸어가야 했고, 때로는 계곡을 건너다가 갑자기 불어난 물에 차가 떠내려갈 번한 위기도 있었다. 배가 뒤집히기도 했고, 많은 어려움들이 있었지만 우리는 계속해서 복음을 들고 방문하는 것을 포기하지 않았다.

그날도 산을 넘고 계곡을 건너 깊은 산속 아띠 부족이 사는 곳까지 들어갔다. 이제 갓 예수를 믿은 성도들을 격려하고 전도 집회를 하면서 복음을 전하기 시작했다. 한참을 지났을 때 우리들에게 바나나 한 개씩을 나눠 줬다. 우리들은 감사하면서 그 바나나를 먹었다. 그리고 점심시간이 지났는데도 식사를 주지 않는 것이었다. 너무 오랫동안 걸어왔고, 또 사역에 모두들 지쳐 있어서 조심스럽게 식사에 대해서 물었다.

"왜 점심을 주지 않는 거죠?" 일행의 질문에 그들의 대답은 간결했다. 아까 우리가 먹은 바나나 한 개가 점심이라는 것이었다. 지금은 그들의 생활수준과 형편을 모두 알기에 익숙하며, 또 우리가 먹을 것을 가져다주기도 하지만 초창기에는 그 마을 교회에서 점심정도는 준비해 줄 것이라는 기대감으로 갔었기 때문에 그들의 상황을 잘 알지 못했었다.

우리가 간식인줄 알고 먹은 것이 점심이었다는 말에 충격이 되었다. 무엇보다도 여전히 배가 고픈 것은 어쩔 수 없었다. 너무 멀리 걸어왔고 모두들 너무 지쳐 있었다. 그리고 너무 배가 고파 다시 돌아갈 힘조차 생기지 않았다.

돌아오는 길에 배가 너무 고파서 나도 모르게 하나님께 기도했다. "하나님, 배가 너무 고픕니다. 하나님, 바나나가 먹고 싶어요." 기도를 하고나서 눈을 들어 보니까 바나나 나무 위에 바나나가 달려 있는 것이 보였다. 그 나무 아래서 바나나를 한동안 처다 보았다.

그리고 바나나 나무 밑에 주저앉았다.

"저 바나나도 주인이 있는데. 내가 이곳에 선교하러 왔지 바나나를 훔쳐 먹으러 왔단 말인가? 아무리 배가 고파도 남의 것을 훔쳐 먹어서야 되겠는가?" 이런 저런 생각을 하는 동안 내 자신이 너무나 초라하고 한심하게 느껴졌다. 선교하기 위해 이곳에 와서 바나나 하나 때문에 남의 나무 위의 바나나를 쳐다보고 나쁜 마음을 먹는 내 자신이 너무나 부끄러웠다. 육신의 피곤함과 배고픔 때문에 남의 바나나를 보며 괴로워하며 그렇게 앉아 있었다.

그때 마침, 아무도 지나가지 않아 인적이 없는 그 산골에 한 여인이 바나나를 머리에 이고 지나가는 것이었다. 그 여인은 우리 일행을 보더니 말없이 바나나 한 줄을 주고 갔다. 아마도 그 여인의 눈에 우리가 너무나 불쌍하게 보였는지도 모른다. 그보다 하나님께서 우리의 기도를 들으셨기 때문일 것이다.

소수민족 아띠

곱슬머리에 유난히도 검은 피부, 그리고 한결같이 벗고 있는 그들의 모습은 마치 아프리카의 원주민들을 보는 것과도 같다. 우리가 봐도 필리핀 현지인들과 확연한 차이를 보이는 아띠 부족은 이 지역에 거주하는 소수 민족이다. 이들은 낙바나 지역과 안티끼 해변가와 깊은 산골에 마을을 이루며 살고 있다. 자기들만의 독특한 언어를 사용하며, 그들만의 고유한 문화가 있는 민족이다. 지금도 수렵을 통해서 생활하고 있다.

이들은 필리핀 지역 내에서도 소외되어 교육과 문화적인 해택을 받지 못하고 있다.

또한 선교적인 관점에서 볼 때 복음이 들어가지 않은 미전도 종족이기도 하다.

이들은 21개의 마을로 나눠져 살고 있는데 이들에게 복음이 들어가기 시작한 것은 부족의 추장이 예수님을 영접하면서부터 였다. 추장이 예수님을 영접한 후에 그의 조카에게 신학을 공부하게 했으며 추장 조카는 목사님이 되어 자신의 부족 복음화를 위해서 전심전력을 다하고 있다.

그들이 살고 있는 다오 지역에 센터 교회를 설립하여 그곳을 중심으로 사역을 진행하고 있으며 현재 10개 마을에 10개의 교회가 개척되었고 그 중 다섯 교회는 건축이 완료되었고 세 교회는 건축이 진행 중이다. 그리고 나머지 마을에도 계속해서 복음을 전하며 교회 개척을 추진하고 있다.

선교사역에 종족개념이 도입되면서 선교에 새로운 인식이 접근되었다. 단일민족으로 살아온 우리에게는 민족과 국가의 개념이 하나로 연결되지만 다민족 사회에서는 국가와 민족은 다른 개념이다. 종족들에게 복음을 전해야 하며, 특히 복음을 받아들이지 못한 종족을 미전도 종족으로 분류하여 그들에게 복음을 전하는 것을 최우선 과제로 삼는 선교정책들은 21세기 선교에 가장 적합한 정책 중 하나라고 생각된다.

우리의 선교사역이 교회개척과 지도자훈련, 신학교사역, 캠퍼스와 교도소사역 등 여러 가지가 있지만 미전도 종족인 아띠 부족을 향한 선교에 보다 더 큰 관심과 에너지를 쏟고 있다. 말 그대로 이들은 소외된 소수민족에 지나지 않는다. 필리핀 현지에서도 이들에 대한 관심은 거의 없으며 소외되어 있다.

그러나 선교사역에 있어서 이들을 향한 사역의 비중을 높이 두는 것은 그들이 미전도 종족이기 때문이다. 그래서 다른 그 어떤 사역들보다도 아띠 부족에게 복음이 들어가는 것에 대해 최선의 노력을 다했으며, 성령께서도 놀라운 은혜들을 허락해 주셨다. 그래서 마을마다 교회가 세워지고 복음이 전파되며 지도자가 훈련되어지고, 이제는 스스로 자신들의 부족을 위해 헌신할 사역자들이 나오기 시작했다.

무슨 독을 마셔도

　아띠 부족이 사는 지역은 산악지역과 해변지역으로 구분되어 있다. 필리핀 현지인들의 눈에조차 띠지 않게 피해 다니며 살다보니 그들의 주거지역도 산골짜기이거나 해변 등 소외된 지역이 되었다. 그래서 이들이 사는 곳에는 대부분 차가 들어가지 못하기 때문에 차로 한참을 달린 후에도 또 몇 시간을 걸어가야만 한다. 그래서 늘 아띠 부족을 찾아가는 길은 많은 체력과 에너지를 소모하게 된다.

　그날도 부족 사역을 마치고 돌아오는 길이었다. 너무 지치고 피곤하였고 목이 너무 말랐다. 주변에 물을 찾아보았지만 물이 보이지 않았다. 필리핀 현지 물은 석회질이 많아 식수로 사용하기에 부적합하다. 특히 한국에서 단기사역으로 방문하신 분들이 현지 물을 잘

못마실 경우 배탈이 나는 경우도 빈번하다.

　그러나 이러한 지식과 정보는 너무나 갈한 상태에서는 아무런 도움이 되지 못했다. 지금 당장 마실 물이 있는지 계곡을 타고 내려오면서 계속 살펴 보았다. 그러다가 마침 한 웅덩이에 물이 고여 있는 것을 보고 그곳으로 내려갔다. 그리고 정신없이 고여 있는 물을 마시기 시작했다. 그리고 약간의 시간이 지났을 때 복통과 어지러움이 오기 시작했다. 내가 마신 웅덩이에 독사가 빠져 죽어 있었다. 뱀 독 때문인지 아니면 그 물 자체의 오염 때문인지는 알 수 없었지만 몸에 힘이 없고 구토와 현기증을 느끼다가 그 자리에서 쓰러지고 말았다. 그 후의 일은 전혀 기억이 나지 않았다.

　다시 눈을 떴을 때 나는 병원에 누워 있었고 아내는 나에게 3일 만에 눈을 뜬 것이라고 말해줬다. 그 길을 지나가던 사람들이 나를 발견하고 우리 일행에게 연락이 되어 병원으로 옮겨지게 되었다고 했다. 나의 몸무게는 심하게 줄어 뼈만 앙상하게 남게 되었고 3일 동안 혼수상태에 빠져 있었다. 성도들은 나를 위해 기도했고 하나님께서는 다시금 회복시켜 주셨다.

'믿는 자들에게는 이런 표적이 따르리니 곧 저희가 내 이름으로 귀신을 쫓아내며 새 방언을 말하며 무슨 독을 마실지라도 해를 받지 아니하며 병든 사람에게 손을 얹은즉 나으리라 하시더라.' (마 16:17-18)

병상에 누워있는 나에게 성령님께서 주의 말씀을 기억나게 하셨다. 그리고 감사의 기도를 드렸다. 사명이 있는 동안 그 어떤 세력도 나의 생명을 해할 수 없으며, 하나님께서 친히 나를 지키시고 보호하시며 담대하게 복음을 전하게 하신다는 것을 확신할 수 있었다. 마음에 뜨거움이 밀려왔다. 선교사역 중에 가장 심하게 앓아본 시간이었지만 하나님을 항한 선교의 열정은 그 어느 때 보다 더 뜨겁게 타오르고 있었다.

도마뱀 드세요

선교사가 복음을 전파한 마을을 방문하면 그들은 늘 무엇으로 대접을 할까로 고민을 한다. 그래서 한국 단기사역자들이 방문할 때는 그들의 어려움을 덜어주기 위해서 식사준비 경비를 지원해 주기도 한다. 그러나 대부분의 경우에 우리가 방문할 때는 그들이 먹는 정도와 유사한 식사를 하게 된다.

이날 우리가 강남중앙침례교회 대학부의 단기선교팀(SSMT)과 아띠 부족을 방문했을 때 이들은 고기반찬을 준비해 두었다. 가난한 마을에서 그들이 이런 고기반찬을 준비하기가 쉽지 않았을 것이라는 생각을 하면서 감사한 마음으로 그들과 함께 식사를 했다. 너무 시장했는지, 아니면 음식이 맛이 있었는지 아무튼 그들의 눈에 우리가 아주 맛있게 식사하는 것처럼 보였던 모양이다.

사역이 끝나고 돌아가려고 할 때에 이 부족 마을에서 우리에게 선물을 준비했다면서 커다란 도마뱀 한 마리를 가져왔다. "선교사님, 이거 집에 가셔서 요리해 드세요. 위험하지 않도록 이빨을 모두 뽑았습니다." 선물이라며 주는 커다란 도마뱀을 보고 흠칫 놀랐다. 아내도 징그러운 도마뱀을 요리해서 식사를 해야 한다는 것이 썩 내키지 않았다. 그래서 정중하게 거절을 했다.

"죄송합니다, 뜻은 정말 감사하지만 저희들 문화 속에는 도마뱀을 먹는 습관도 없고 우리들은 도마뱀을 먹지 못합니다." 그러자 갑자기 그들은 웃으면서 다시 말했다. "선교사님, 도마뱀 잘 드시던데요. 아까 선교사님이 드신 것이 도마뱀 요리였습니다." 그때 비로소 우리가 먹은 고기반찬이 도마뱀 요리였다는 것을 알았다. 그들은 우리가 도마뱀 요리를 너무나 잘 먹으니까 우리를 생각해서 집에 가서 해 먹으라고 잡아둔 한 마리를 가져다 준 것이었다.

우리가 먹은 것이 도마뱀이라고 생각하니 조금 전에 먹은 음식이 소화가 되지 않은 듯한 불편이 느껴졌다. 그리고 그들에게 그럼에도 불구하고 도마뱀을 가져 갈 수 없다는 정중한 사과를 하고 마을을 나왔다.

순교자의 피로 세워진 교회

카만닥은 우리가 거주하는 곳에서부터 차로 2시간을 달리고 차가 들어갈 수 없는 길을 3-4시간을 걸어서 들어가야 하는 산골마을이다. 이곳은 산세가 너무 깊어서 사람들의 출입이 적을 뿐만 아니라, 필리핀 남부지역임에도 불구하고 기후도 선선함을 느낄 정도로 외진 곳이다. 이곳은 주로 필리핀 공산당들이 활동하는 지역이기도 하다.

카만닥에 칼렘 목사님은 처음으로 그곳에서 예수님을 믿어 그 지역에 교회를 세우고 복음을 전하였다. 칼렘 목사님이 복음을 전하는 모습은 늘 공산당원들에게 거슬렀다. 복음이 그 지역에 전해진다는 것은 공산당 활동의 위축을 가져오기 때문이다. 복음은 그들의 이론과 전략에 위배되는 사상들이었기 때문에 여러 번 충돌이 일어났다. 그들은 여러 가지 방법으로 회유하며 협박하기도 했으나 칼렘 목사님은 이에 굴하지 않는 믿음을 가지고 계속해서 복음전파에 열중했다. 결국 공산당은 칼렘 목사님을 죽이기로 작정했다.

'탕, 탕, 탕' 고요한 카만닥 산골짜기에 총성이 울려 퍼졌다. 공산당원들은 총을 들고 다시 산속으로 들어갔고 거기에는 한 사람이 숨진 채 쓰러져 있었다. 칼렘 목사님의 형님이었다. 공산당원들은 칼렘 목사님을 죽이려고 내려왔다가 외모가 비슷한 그의 형을 칼렘 목사님으로 오인하여 저격한 것이었다. 그럼에도 불구하고 칼렘 목사님의 믿음은 추호도 흔들리지 않았다. 형의 죽음 앞에서도 그의 믿음은 흔들리지 않았고, 복음의 열정은 더욱더 뜨겁게 타올랐다.

하나님께서는 순교자의 피를 기꺼이 받으셨고 그 마을에 놀라운 변화들이 일어나기 시작했다. 교회가 세워졌고 천여 명이 넘는 마을 전체 사람들이 예수님을 믿게 되었으며, 그 마을은 술과 담배를 하지 않으며, 오직 예수님만 믿는 하늘 아래 첫 동네가 되었다. 뿐만 아니라, 공산당들은 더 이상 자신들의 힘으로 어찌할 수 없다는 것을 알고 그 지역을 떠나 다른 지역으로 옮겨가게 되었다.

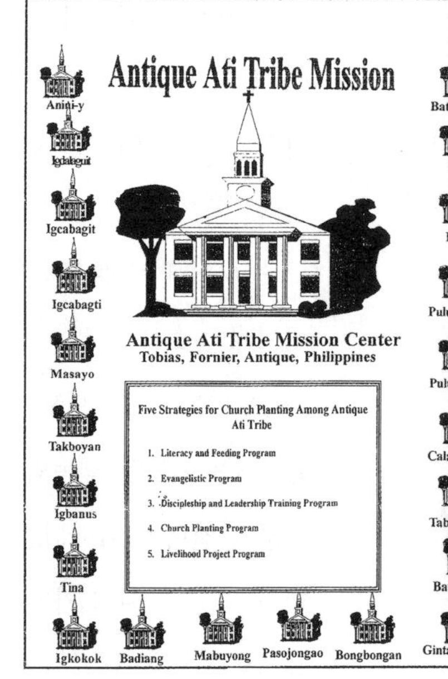

교회가 세워지고 신학교도 세워지다

익바누스 승리교회(서울 중앙교회 김 상철 목사님의 후원으로 세운 교회)는 아띠 부족의 산골교회로 올라가는 길이 가파를 뿐 아니라 차가 들어갈 수 있는 곳까지 차로가서 국도 차에서 내려서 두 시간 반을 걸어가야 하는 곳이다. 이 지역 마을의 산채스 형제가 전도를 받아 예수 믿고 은혜를 받아서 땅도 기증하고 전 재산을 헌금했다.

이 지역의 목회자인 엘로센도 목사님이 한국 방문 시 전북완창교회 여전도사님이 신체의 일부분을 기증하고 받은 돈으로 교회를 지었다라는 이야기를 설교시간에 전해 듣던 산채스 형제가 도전을 받아 그의 전 재산인 필리핀 전통 소 카라바오 한 마리를 팔아서 교회를 건축하겠다고 하여, 그것이 씨앗이 되어 건축이 시작되었다.

우리 부족을 위해 섬기겠습니다.

- 로젤리오 엘로센도 목사(안티끼 아띠 부족 지도자)

아띠 부족은 필리핀의 파나이, 귀마라스와 네그로스 옥시덴탈 산악지대에서 생활하는 종족입니다. 우리는 산악에서 오직 야생 생물들을 사냥하며 살아가는 유목민입니다. 우리 종족에게 전도하고 싶은 열정은 제가 고등학교를 다닐 때 시작되었습니다. 이 열정은 아띠 개종자이기도 하며 신학교에서 1년간 특별한 훈련을 받고 전도사님이 된 부족의 추장이신 저의 삼촌으로부터 시작되었습니다.

삼촌은 제게 고등학교를 졸업하고 신학교를 가라고 말씀하셨습니다. 삼촌은 "나는 이미 늙었고 내가 시작한 일들을 이어갈 사람이 없다"라고 했습니다.

그래서 저는 고등학교를 마치고 신학교에서 공부하기로 결심했습니다. 제가 신학교에서 수련 기간을 가질 때 민다나오에 가서 복음을 전하는 일들을 했습니다. 그리고 거기서 저의 아내를 만났습니다. 다. 그때 제 아내는 그 지역 교회 전도사로 일하고 있었습니다. 그 교회는 졸업식 후에 저를 담임 사역자로 청빙하였습니다. 그러나 나의 부족인 아띠들을 위해 사역하라는 하나님의 부르심에 순종하기 위해 1988년에 저와 아내는 그 교회를 사임하기로 결정했습니다. 저는 믿음으로 필리핀 일로일로의 낙바나, 바루탁 비에호에 있는 낙바나 교회에서 이 사역을 시작하였습니다.

저는 서 태원 선교사님과 함께 교회 성도들에게 선교에 헌신하자며 말씀을 전했고 성도들도 잘 따랐습니다. 저는 또한 청년들에게 신학교를 세워 함께 부족을 위해 일하자고 말했습니다. 그러자 20명이 넘는 청년들이 신학교를 세우며 신학공부를 하는데 헌신하였습니다. 서 태원 선교사님과 동역을 통해서 우리는 필리핀 일로일로의 바루탁 비에호에 3개의 교회들을 세웠는데 하나는 아닐라오, 하나는 마리쿠도, 네그로스 옥시덴탈의 이사벨라에 세웠습니다. 이 교회들은 모두 다 필리핀 중부 서쪽 비사야스 지방에 위치하고 있습니다.

1993년 5월에 하나님은 바루탁 비에호에 있는 우리 교회를 떠나 안티끼로 가라고 인도 하셨습니다. 그래서 우리는 안티끼로 이사하여 개척 사역을 시작하였습니다. 우리 곁에 계시는 하나님의 은혜로 내가 존경하고 사랑하는 서 태원 선교사와 함께 아띠 마을들을 영화 상영을 통하여 방문하기 시작했고, 많은 사람들이 예수님을 그들의 구세주로 영접했습니다. 1개월이 넘어서 저는 안티끼에 있는 21개의 마을들을 선교 목표로 삼았습니다.

주님께서 제게 이 부족을 위해 주신 사명은 참으로 거대하다는 것을 깨닫게 되었습니다. 하나님께서는 기꺼이 섬기고 싶어 하는 모든 사람들에게 특별하고 좋고 지혜로운 계획들을 가지고 계십니다. 1993년 후 안티끼에서의 우리 사역은 꽤 어려웠지만 하나님은 우리가 6개의 교회들을 세울 수 있게 능력을 주셨습니다.

이 교회들 중에 네 교회는 서 태원 목사님과의 동역을 통하여 교회 땅을 구입할 수 있었습니다. 우리 사역의 중심이 되는 예배당은 안티끼 다오 마을에 위치하고 있습니다. 우리는 전에 한번 서 태원 목사님이 데려오신 나이 많으신 한국의 장로님 내외분께 땅을 보여 드린 적이 있습니다. 하나님은 이들 부부의 마음을 감동시키셨습니다. 이들 부부는 아이들이 없으셨는데 그들은 자신의 모든 것을 드려 건축헌금을 보내셨습니다. 우리는 이 땅을 매우 소중히 여기고 있습니다.

우리의 사랑하는 선교사님! 감사합니다. 하나님의 축복이 가득하길 기도하며 예수님이 다시 오실 때까지 계속 주님에게 사용 받으시길 기도합니다.

2
생명보다 귀한 사명

크리스마스를 기다리던 아이

"큰일 났어요. 탄광이 무너졌어요. 사람들이 죽어가요" 어디선가 다급한 비명소리가 들렸다. 강원도 태백 탄광 마을의 사람들이 술렁이기 시작했다. 그때 한 사람이 급히 탄광으로 달려갔다. 그리고 노련한 솜씨로 버팀목을 다시 괘고 돌을 들어내며 무너진 갱으로 들어갔다. 얼마나 지났을까? 그 남자는 다친 사람을 끌고 무너진 갱의 틈으로 나온 것이다. 이윽고 사람들의 환호성이 들렸다.

갱이 무너지고 사람이 갇히는 일은 탄광 마을에서는 흔히 볼 수 있는 일이었다. 그리고 언제나 사고가 나면 희생 정신이 강한 이 남자는 갱 속으로 가장 먼저 뛰어 들었다. 이 남자가 바로 나의 아버지였다.

아버지는 강원도 태백시에서 큰 부자였으며, 다른 사람을 돌볼 줄 아는 선한 마음을 가진 분이었다. 여러 번 갱 속에서 사람을 구했으며 그러한 선행 때문에 대통령 표창까지 받게 되었다. 그러나 그의 말년은 좋지 않았다. 오랜 시간 석탄을 캔 몸에는 언젠가부터 폐병이 자리 잡기 시작했고 예수를 알지 못했던 아버지는 도박까지 하게 되었다. 도박으로 가세는 급속히 기울기 시작하였고 그때부터 가난과의 질기고도 질긴 전쟁이 시작되게 되었다. 그 때쯤 7남매의 넷째로 나는 태어나게 되었다.

가난 때문에 그리고 아버지의 건강 때문에 공기가 좋은 경북 봉화로 이사를 하게 되었고 나의 어린시절은 봉화에서 보내야 했다. 어린시절 춘양교회를 출석하면서 예수님을 어렴풋이 알아가게 되었다.

그러나 가난은 예수님조차 제대로 믿지 못하게 했다. 큰 형님은 가난 때문에 대학진학을 포기해야 했고, 난 어렸지만 일을 해야 했기에 교회에 가지 못하는 날들도 많았다. 주일날에도 풀을 베고 들에 가서 일을 해야 했었다.

작은 시골 학교에서 학생회장과 여러 가지 상을 받았지만 이것으로 가난을 벗어날 수 없다는 생각이 들었다. 그래서 운동을 시작했다. 운동은 나에게 희망과 자립할 수 있는 기회를 줄 것이라고 생각했다. 다리에 모래주머니를 달고 100미터를 달려도 아이들이 나를 따라 오지 못했다. 운동을 잘 하면 공부도 계속할 수 있을 것이며, 더 잘 살 수 있게 될 것이라고 생각했다. 운동을 열심히 한 결과

랄까? 도 대회까지 출전하기도 했다.

그러나 연습이 너무 지나쳤을까? 높이뛰기를 연습하다가 가슴 뼈를 다치게 되었다. 가슴뼈를 다치면서 그 이후에 성장발육이 둔화되어 키가 자라지 않아 중학교 때 가서는 마라톤으로 종목을 바꿔야 했다.

어느 주일이었다. 그때도 마찬가지로 교회에 가서 예배를 드리고 집으로 돌아오고 있었다. 그런데 그날 아버지는 지게 작대기를 들고 나를 기다리고 있었다. 교회에 갔다 왔다는 이유 하나만으로 그날 엄청나게 맞았다. 아버지가 악해서라기보다는 가난이 교회를 가지 못하게 했다.

그날 기억은 훗날 내가 교회에 가는데 두려움으로 늘 작용했고 교회를 형식적으로 다니게 했다. 그 날 이후 아버지가 겁이 나서 교회에 가지를 못했다.

"그래도 구리스마스 때는 교회 가라우, 내가 보내 주갓어" 아버지는 늘 쓰시던 함경도 말투로 크리스마스 때는 교회 가도 좋다고 허락하셨다. 어린 나는 그렇게 크리스마스를 기다려야 했다.

거기서 만난 하나님

비록 어렸지만 이렇게 살아서는 아무런 소망이 없다는 것을 잘 알았다. 그래서 할 수만 있다면 도시로 나가고 싶었다. 가난 때문에 열심히 공부해야 했다. 장학금이 아니면 도저히 공부할 수 없었기 때문에 열심히 했고 계속해서 장학금으로 학교를 다니게 되었다. 고등학교 때는 고향을 떠나 있었기에 교회에 다닐 수 있었다. 그러나 장학금이 없이는 학교를 다닐 수 없었기에 주일에도 공부를 했고 아버지가 두려웠기에 교회를 가지 않았다. 내게는 장학금이 그 어떤 것보다도 더 소중하고 귀했으며, 또 하나의 우상이었다.

대학을 진학할 무렵 박 정희 대통령은 경제를 살리기 위해 노력했고 공업진흥에 박차를 가하고 있었다. 가난을 극복하고 취업이 잘 되기 위해서는 박대통령이 추진하고 있는 기계공학 쪽으로 가야 할 것 같았다.

대학을 들어간다는 것보다도 장학금이 더 절실했기에 장학금과 취업을 고려해서 국립대학을 찾았는데 국비장학금을 주는 곳은 서울대학교와 서울산업대의 전신인 경기공전이 있었다. 그러나 장학금 해택과 취업에 있어서 경기공전이 여러 가지로 나에게 더 유리했다. 경기공전에서는 장학금 전액을 주며, 학교를 졸업하면 바로 대우에 취직되도록 되어 있었다. 그래서 경기공전에 시험을 봤는데 29:1의 경쟁을 뚫고 합격하게 되었다. 당시에는 그저 운이고 실력이라고 생각했었지만 하나님께서는 준비된 길로 나를 이끌고 계셨다. 가난을 벗기 위해 간 대학이었지만 하나님은 대학가에서 나를 기다리고 계셨다.

대학에 입학하자마자 아버지는 너무 기뻐하셨고, 이제부터 네가 하고 싶은 대로 마음대로 하라는 명령도 떨어졌다. 그리고 대학 캠퍼스에서 학과 친구로부터 CCC의 사영리로 예수 그리스도와 복음에 대해서 소개받게 되었다.

1978년 4월 18일, 이날은 내가 영적으로 다시 태어난 날이다. 이 날 예수 그리스도를 나의 구주로 영접했고 예수님을 나의 마음에 모시게 되었다. 그때부터 CCC에 매력을 느끼게 되어 성경공부도 열심히 하며, 모임에도 열심히 참석하여 순장이 되었다. 점심시간이 되면 늘 캠퍼스를 돌면서 전도하기 시작했다. 그래서 한 달 만에 28명의 순원을 만들었고, 그 순원 중에는 지금도 나와 믿음의 교제를 나누고 있는 분들도 있다.

이때 처음으로 하나님께서 나에게 개인전도의 은사를 주신 것을 알게 되었다. 캠퍼스에서 말씀을 배우고 전도를 하면서 선교에 대한 막연한 기대와 희망도 갖게 되었다. 하나님께서 언젠가 기회를 주신다면 선교를 하고 싶다는 생각을 가졌지만 내 삶에서는 너무나 먼 그냥 생각으로만 어렴풋이 간직하게 되었다.

천사가 깨워 준 새벽

학교 졸업과 동시에 (주)대우로 가게 되었다. 당시 김 우중 회장의 면접을 거친 후 대우 중공업(당시 대우조선)의 기능사원이 아닌 엔지니어로 발령을 받게 되었다. 나이는 어렸지만 현장에서 흰색 화이바를 쓰고 작업장을 관리하는 관리자로서 삶을 시작하였으며, 거제도 현장으로 발령을 받아 거제도로 내려가게 되었다.

거제도에 처음 도착한 그날은 12월 24일 크리스마스 이브였다. 온통 깜깜하고 조용한 시골마을에 교회의 불빛이 보였고 크리스마스 캐롤이 흘러나오고 있었다. 작은 시골교회에 발을 딛어 놓게 되었고 거기에서 직장생활과 신앙생활을 시작하게 되었다.

작은 시골교회는 전도사님께서 사역을 하고 계셨는데 전도사님은 주중에는 학교를 다니시고 주말에만 오셔서 예배를 인도하셨다. 그래서 내가 주중 새벽기도 인도를 하게 되었다. 직장생활이 피곤하고 고되었지만 새벽시간은 은혜가 충만했다.

때로는 직장에서 돌아온 후 너무 피곤해서 기도하다가 졸다가를
반복하기도 했다. 그러면서도 새벽예배 때 새벽종을 쳐야하고 예배
를 인도해야 한다는 부담감 때문에 하나님께 새벽에 깨워달라고 기
도하곤 했다.

그런데 참으로 신비한 체험을 하게 되었다. 새벽 4시가 되었을
때 하늘에서 날개 달린 천사가 내려와서 나의 엉덩이 부분을 치면서
깨우는 꿈을 꿨다. 그리고 일어나서 새벽 교회 종을 쳤다. 3일 동안
이러한 꿈을 꾸었다. 하나님께서는 야곱에게 보여주셨던 그 환상을
나에게도 보여 주셨고 그 새벽에 천사를 보내어 나를 깨워 주셨다.
새벽기도의 제단은 하나님과의 깊은 영적인 다리를 놓았고, 신앙과
선교에 가장 중요한 시간으로 자리 잡아 가고 있었다.

가시밭의 백합화 예수 향기 날리니

직장에서는 신우회를 조직하여 함께 하나님께 예배드리는 일을 시작했다. 그때 4명의 그리스도인들이 함께 모여 하나님께 예배하며 신앙생활을 시작했다.

1년 뒤 새장승포교회로 옮겨 청년부 활동을 하며 실로암 찬양선교단(단장: 강 선중 집사)을 조직하여 복음의 불모지와 같은 거제도를 주말마다 돌며 복음을 전하고, 직장에서는 직장선교를 위해서 기도하며 전도활동에 주력했다. 그 때에 거제도에서 믿음의 형제요 평생 동역자인 강 병도 형제를 만나게 되었다.

강 병도 형제는 복음의 열정이 많고 뜨거우며 순수한 청년이었다. 그는 인하공대를 다니다가 경제적인 어려움 때문에 돈을 벌기 위해 거제도에 내려와 지하 보일러 공으로 일하고 있었다. 그와 함께 신우회 일을 하며 교회 청년부도 맡아서 함께 일했다.

당시 20명 정도 모이던 청년들이 100명 이상 모이게 되었다. 강 병도 형제는 CCC에서 활동하였으며, 복음과 선교에 대한 열정이 많았기에 더 없는 신앙의 동역자가 되었다.

그는 1년만 일하고 돌아가려고 했는데 1년 동안 번 돈을 모두 사기당해서 1년 더 그곳에 머물러야 했다. 그래서 나와 함께 더욱더 귀한 동역자로서 함께 기도하며 하나님나라의 꿈을 만들어가게 되었다.

대우조선 신우회는 후에 우리 가정을 선교사로 파송하는 것과 더불어 선교를 위해 기도하고 후원하는 모임으로 바뀌게 되었다. 가시밭에 백합화 예수 향기 날리기를 바라는 마음으로 기도하는 백합선교회가 생겨나게 되었다.

후에 강 병도형제는 백합선교회의 회장으로 금곡제일교회 장로로 교회를 섬기며 하나님 나라 확장과 세계선교를 위해 오늘도 성실히 헌신하고 있다.

백합선교회는 89년 서울 강남구 개포동에서 24명이 모여서 기도하면서 우리 가정을 필리핀 선교사로 파송하기로 결의했다. 그리고 초대 회장으로 김 정기 집사(현재 왕성교회 피택장로)를 선출하고 임원(홍 도화, 정 미숙 집사등)회를 구성하고 선교의 밤을 통해서 매 달 한번씩 모임을 갖고 선교를 위해 기도하며 후원하는 일을 시작했다.

우리 가정 외에도 협력선교사들을 후원하며, 농어촌 교회를 지원하는 일들과 필리핀 마닐라에 위치한 파가사 백합교회를 개척하였다. 백합선교회는 바울선교회와 더불어 필리핀 선교 사역에 있어서 양 축이 되었다. 필리핀에서 나의 사역은 곧 백합선교회의 사역이다.

선교회의 기도와 후원이 하나가 되어 함께 모든 사역을 가능하게 했으며, 선교회와 우리 가정은 뗄 수 없는 선교공동체로서 함께 사역하게 되었다

선교는 후원자의 수고와 기도와 후원 그리고 끝임 없는 사랑과 관심이 없었다면 불가능했을 것이다. 우리는 서로 다른 모습과 은사로서 함께 하나가되어 하나님의 나라 확장을 위해 헌신했다.

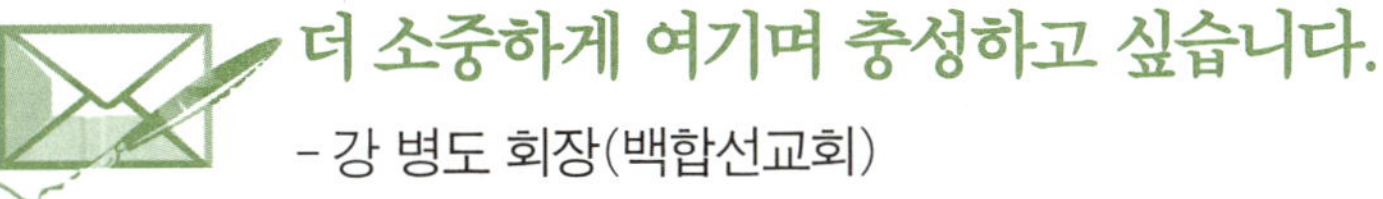

더 소중하게 여기며 충성하고 싶습니다.

- 강 병도 회장(백합선교회)

21년 전 일입니다. 군을 제대하면서 학교를 휴학하고 거제도 장승포에 있는 대우조선소에 보일러 기능공으로 취업을 하기 위해서 무작정 거제도행 배를 탄 기억이 생생합니다. 그때 장승포에 있으면서 세 종류의 사람, 아니 세 사람을 만났습니다.

첫 번째 사람은 나보다 어렵고 힘들게 살고 있었는데 조선소에서 1년 동안 먹지도 쓰지도 않고 모은 돈을 모두 그에게 주었습니다. 아니 그 에게 속았다고 하는 게 정확한 표현일까요? 그래서 장승포에 1년을 더 있어야 했고 또 다른 1년 동안 두 사람을 만나게 되었습니다.

두 번째 사람은 착하고 겸손하고 아름다운 꿈을 가지고 있는 청년이었습니다. 그 청년은 아주 아름답고 소박한 꿈을 가지고 조선소에서 꿈을 실현하기 위해 열심히 일하고 있었는데 그 꿈은 세계 오지를 다니면서 복음을 전하는 선교사로 일생을 보내고 싶다는 것이었습니다.

그 청년은 현재 15년째 필리핀 중부 일로일로 지역 파나이섬 오지에서 선교사로 충성스럽게 일하고 있으며 몇 년전 세계 100대 선교사 명단에도 오를 정도로 열심히 그리고 성실하게 주님께서 맡겨 주신 선교의 사명을 성실하게 감당하고 있습니다.

세 번째 만난 사람은 참으로 예쁘고 착한 아가씨였습니다. 주말마다 그녀와 함께 전도지를 들고 교회가 없는 거제도 내의 농,어촌 마을을 돌아다니며 복음을 전했습니다.

이렇게 데이트를 하면서 이 여자와 평생 살고 싶다는 생각이 들었고 하나님께 이 여자를 아내가 되게 해 달라고 떼를 썼습니다. 하나님은 이러한 기도를 들어 주셨고 지금 그녀는 착한 아내로서 저와 동행하고 있습니다.

돌이켜 보면 모두가 아름답게 느껴지고 때론 한없이 가슴앓이를 한 장승포였지만 감사한 것은 첫 번째 만난 사람을 고맙게 생각합니다. 왜냐하면 두 번째 사람과 세 번째 사람을 만날 수 있었기 때문입니다.

백합선교회는 서 태원 선교사님의 개인 후원단체로 시작되었습니다. 서 태원 선교사님은 공학도로서 학업을 마치고 거제도에 있는 대우조선소에서 엔지니어로 근무한 적이 있습니다. 대우조선소 근무당시 복음의 불모지와 다름없었던 황량한 조선소에 신우회를 조직하여 복음을 전하셨고, 하루하루 필리핀 선교사로서의 꿈을 키워나가셨습니다.

그 꿈을 이루기 위해 대우조선을 사임하고 신학을 시작하면서 주님의 사역을 준비하던 중 하나님께서 예비해 주신 헌신적인 동역자들을 만나게 되었고 그 동역자들과 대우조선 시절 함께 기도하고 복음을 전하던 지체들과 함께 20여명이 모여 1989년 8월 28일 서울 강남구에 소재한 두레교회 교육관에서 제 1회 백합선교회 선교의 밤 예배를 드리면서 창립총회를 개최하였습니다.

그 후 1989년 10월부터 바울선교회(회장:이 동휘 목사)를 통하여 현지 선교훈련을 받았으며 1990년 3월 27일 백합선교회 1호 파송선교사로 필리핀 중부지방 파나이섬 일로일로로 파송을 하게 되었습니다.

뒤돌아보니 선교라는 단어의 의미조차 모르는 순수한 아마추어들이 모여 겁도 없이 단순하게 단지 열정 하나만으로 선교사를 파송하겠다고 모여서 기도하고 시작했습니다. 우리들보다 더 단순한 사람이 있었는데 그는 부족한 우리들을 신뢰하고 모든 삶을 정리하여 필리핀 오지로 어린아이들을 데리고 아내와 함께 떠났습니다.

15년이 흘렀습니다. 지난 12월 12일 146회 선교의 밤 예배와 모임을 가졌습니다. 어린 두 아이는 벌써 대학생이 되었습니다. 때론 넘어질 뻔한 적이 한 두 번이 아니었고, 뒤를 돌아보니 깜깜한 낭떨어지이고 앞을 보니 끝도 없는 절벽이 가로놓여 있던 적들이 셀 수 없이 많았습니다. 하지만 아직도 주님께서는 우리 선교회를 사용하시어 사랑하고 존경하는 선교사님의 사역의 지경을 넓혀 주시니 주님 오실 때 까지 이 사역을 계속하렵니다.

주님께서는 우리의 부족하고 우둔한 모습을 통하여 주님의 뜻을 보여 주시고 주님의 사역을 지속적으로 펼쳐 가심을 고백합니다.

이 일을 우리가 아닌 다른 주님의 신실한 일꾼들이 하였다면 하나님에게 보다 크게 영광을 돌리지는 않았을까 하고 생각을 하곤 합니다. 하지만 우리가 주님의 사역을 하고자 할 때 우리 주님께서는 주님의 말씀으로 우리를 인도하셨습니다. "네 시작은 미약하였으나 네 끝은 창대하리라"고 말씀하셨습니다.

지난 15년보다 앞으로 펼쳐질 주님께서 허락하신 시간들을 더 소중하게 여기며 충성하고 싶습니다.

주님, 내가 여기 있사오니

1980년 여의도에서 있었던 세계복음화 성회는 나에게 잊지 못할 시간이었다. 나는 그 행사를 위한 금식기도위원이었기에 12명의 학생들과 함께 참석하여 은혜를 받으면서 식음을 전폐하고 오직 기도에 힘썼다. 햇볕이 작렬하게 내리쬐는 여의도 광장에 앉아서 하늘을 바라보며 나의 가족들의 구원을 위해서 기도했다. 하나님께 가족을 구원해 달라고 기도하는 동안 많은 생각들이 떠올랐다.

"태원이 이 놈 어디 있어? 네가 예수 믿어서 우리 집안이 이렇게 되었다"며 이야기하던 친척들의 얼굴이 스쳐지나 갔다. 달성 서씨 가문에서 최초로 예수를 믿게 되어 핍박도 많았다.

그 당시 특히 가족이나 친척 중에 누가 교통사고를 당하게 되면 내가 예수를 믿어서 그렇게 되었다며 친척들이 찾아와서 나에게 책임을 물었다. 거의 모두가 예수 믿는 것을 좋아하지 않았다.

돌이켜 보면 우리 가족은 어느 가정 보다도 행복한 가정이라는 생각이 든다. 비록 경제적인 어려움이 있었지만 서로 협력하고 이해하고자 하는 마음이 늘 있었다. 큰 형님과 형수님, 누님, 동생 특별히 작은 형님은 내가 어려웠을 때 커다란 힘이 되어 주었다. 아름다운 기억들로 내 마음에 자리잡고 있다. 그런 까닭에 나는 더욱 가족 구원을 위한 간절한 기도를 날마다 드리게 되었다.

하나님께서는 나의 기도를 저버리지 않으셨고, 우리 가정에서 어머니가 가장 먼저 예수님을 믿게 되었고, 그 형수님도 예수님을 믿어 형님과 함께 신앙생활을 하게 되었고 가족들이 하나 둘씩 예수님을 영접하고 그리스도의 사람이 되어갔다.

그래서 가정에서도 제사가 추도예배로 바뀌고 이제는 가족들이 모이면 유일한 목사인 부족한 내가 예배를 인도하게 되었다. 핍박이 있었지만 기도는 그 핍박을 이기게 했고 하나님은 우리의 가족들을 구원의 자리로 불러 주셨다.

그날, 여의도 광장에서는 가족 구원을 위한 기도가 계속되었다. 그리고 그 기도는 세계와 열방을 향한 영혼구원의 기도로 이어졌고 이 백성 이 민족을 구원하시기를 원하시는 하나님의 마음이 느껴지기 시작했다.

집회 마지막 날 집회에서 김 준곤 목사님은 그곳에 참석한 많은 성도들을 향해서 말씀을 강하게 선포하셨다.

"지금 세계는 한국 선교사를 부르고 있습니다. 하나님께서는 우리가 선교하는 자리로 나가길 원하십니다. 누가 나가겠습니까? 누가 하나님의 나라를 위해 내가 여기있나이다. 나를 보내소서! 라고 외치며 나가겠습니까?"

선교를 향해 선포하는 그분의 말씀은 하나님의 음성으로 들려졌고 나는 여의도 광장 한복판에서 선교사로 헌신하기 위해 온 몸으로 헌신하며 그 자리에 일어섰다. "하나님, 부족하지만 하나님의 선한 도구가 될 수 있다면 이 몸을 받아 주소서" 전심을 다해 하나님께 서원과 헌신의 기도를 올려 드렸다.

새벽에 만난 여인

　은혜의 시간은 잠시였고, 성회를 마치고 돌아오는 길에 태산 같은 걱정이 가슴속으로 밀려 들었다. 직장은 내게 참으로 소중한 것이었다. 몇 몇 분들을 위한 선교헌금을 제외한 많은 금액을 가정에 보내야 했고, 아직도 가난한 우리의 가족들은 내 직장을 통해 나의 도움을 기대고 있었다.

　이러한 가족을 저버린다는 것도 큰 부담이었고, 늘 가난에 찌들려 살아왔는데, 이제 직장을 구하고 생활을 어느 정도 하려고 하는데 직장을 그만두어야 한다는 생각을 할 때 앞이 캄캄해졌다. 도저히 자신이 없었다. 직장을 그만둔다는 것을 있을 수 없는 일처럼 여겨졌다.

　하지만 의무기간인 5년 동안 직장을 다니고 하나님의 일을 해야겠다는 원론적인 생각을 갖긴 했지만 거제도로 내려오는 길은 여의도 광장에서의 은혜보다는 하나님의 소명에 대한 부담감으로 막막

하고 깜깜하기만 했다.

거제도에 돌아와서 신앙생활을 하면서 이제부터 선교에 헌신된 배우자를 위해서 기도하기 시작했다. 그러던 어느 날, 예배를 마치고 나가는 길에 집사님이 나를 불러 세웠다.

"서 선샘요, 내일, 서울에서 우리 딸이 내려오는데 선생님 한번 만나 보이소." 그 말이 무엇을 의미하는지 생각도 못하고 아무 생각 없이 그러겠다고 대답했다.

그리고 다음 주일날, 중고등부 예배를 인도하는데 예배당 뒤편에 단발머리 여학생이 보였다. "거기 뒤에 앉아 있는 여학생 오늘 처음 나왔습니까? 앞에 나와서 인사하세요." 그러자 학생부에 앉아 있던 학생이 "선샘요, 우리 누나 아입니꺼, 서울에서 내려온 우리 누난기라요"라고 했다. 그 때 거기서 나의 아내이자 동역자 김 미화 선교사를 처음 만나게 되었다.

그 다음날부터 단발머리 아가씨는 새벽예배에 참석하여 열심히 기도했고 저녁기도회에서도 열심히 기도했다. 김 미화 선교사는 기도의 사람이다. 지금도 선교현장에서 새벽 3시가 되면 어김없이 일어나 기도하며 하루에 3시간씩 기도로 사역을 준비한다. 하나님께서는 기도하는 여인을 만나게 해 주셨고, 기도는 선교의 중요한 기초가 되었다.

그 날 기도를 하다가 눈을 떴는데 순간 단발머리 아가씨와 눈이 마주쳤다. 평소에는 숫기가 없어 이성에게 말도 걸지 못하였지만 그 날은 하나님께서 용기를 주셔서 김 미화 자매에게 담대히 다가갔다.

"저, 밖에 나가서 이야기 좀 할 수 있겠습니까?" 자매는 따라 나왔고 우리는 부두가 가까운 등대 근처에 갔다. 나의 살아온 인생을 이야기하고, 선교사로서 헌신해야 할 것에 대해서 이야기했다. 그리고 선교 동역자를 찾고 있다는 말도 전했다. 김 미화 자매는 오래전부터 선교를 위해 기도하고 있었고 흔쾌히 나와의 교제를 허락했다. 우리는 그렇게 만났고 결혼까지 긴 교제시간 없이 빠르게 진행되었다.

후에 직장을 그만두어야 한다는 생각을 가지고 있었지만 결단하지 못하고 한 곳에서 안주하고 있을 때 김 미화 선교사는 우리가 하나님 앞에서 헌신하고 만난 이유에 대해서 말해줬고, 나로 하여금 계속해서 그 길을 가게 독려했다.

그녀는 진정 나의 돕는 배필이다. 우리는 우리의 신앙의 산실이였으며 믿음을 키우고 소망을 가꾸며 사랑을 훈련받기도 한 새장승포교회에서 그렇게 만났다.

아버지는 아내를 무척이나 좋아하셨다. 결혼 전에 인사하러 갔을 때에도 무척 반기시며 사랑해 주셨다. 그리고 결혼 후 함께 고향에 인사하러 가려고 하다가 직장출장 때문에 아내 혼자 보내게 되었다. 아내는 혼자 봉화 집에 찾아 갔고, 이번에 가면 아버지께 예수 그리스도를 영접시켜야겠다는 결단을 하고 갔다.

아내는 그곳에 머물면서 아버지께 예수 그리스도를 소개했다. 아버지는 죄인임을 고백하고 며느리가 전하는 예수 그리스도를, 아들이 믿는다는 이유로 그렇게 모질게 때렸던 예수 그리스도를 영접하였다. 그리고 돌아가는 며느리를 위해서 버스 타는 곳 까지 나와서 배웅했다. 늘 엄하시고 무뚝뚝한 나의 아버지가 며느리가 타고 가는 버스 안까지 올라 오셔서 인사하며 배웅했다. 순간, 아내는 하나님께서 아버지의 영혼을 데려 가시기 위해 준비하시고 계신다는 느낌이 들었다고 했다.

"아가, 잘 살라우, 나도 예수님 믿으니까 기도 하갓어." 이렇게 아버지는 며느리를 보냈다. 며느리를 떠나보내고 예수님의 사람이 된지 얼마 되지 않아 거제도로 아버지의 임종을 알리는 소식이 전해졌다. 나의 아버지는 그렇게 하나님의 품으로 가셨다.

직장을 떠나 올 때 흘린 눈물

약속된 5년의 시간이 다가왔다. 하나님께 약속했고 헌신했기에 하나님의 길을 가기위해 회사에 사표를 내려고 했다. 그러자 직장동료들이 하나둘 말리기 시작했다.

"자네, 가정을 생각해봐, 지금 입에 풀칠하기도 힘든데, 이런 직장을 그만둔다는 건 어리석은 일이야, 어디, 하나님이 밥 먹여주나? 도대체 왜 그래, 정신 차려, 이친구야." 믿지 않는 동료들은 신앙 때문에 안정된 직장을 버리는 것이 이해가 되지 않았다. 그들은 나를 사랑하고 나를 이해하려고 했지만 하나님을 알지 못했기에 계속해서 만류했다.

믿음의 형제들 가운데서도 사표를 내는 것을 만류하기도 했다. 하나님을 섬길 수 있는 다양한 다른 방법들을 말했고, 교회를 섬기면서 보내는 선교사로서 지금처럼 그렇게 살아도 괜찮다며 직장을 그만두는 것을 만류했다.

가족들의 반대는 극렬했다. 가난한 우리 집에 있어서 나의 직장 생활은 마치 복음과도 같았는데 내가 직장을 그만둔다는 것은 곧바로 가족들에게도 어느 정도의 부담으로 작용하기 때문이었다. 모두가 염려했고 모두가 반대했다.

사실 나 자신도 두려웠다. 오직 가난을 이기기 위해서 다르게 살아보려고 발버둥치며 운동도 하고 공부도 하며 여기까지 왔는데, 이제 그 가난의 그림자를 벗을 수 있을 것만 같고, 조금만 더 있다가 가면 어떨까 하는 인간적인 미련과 갈등들이 계속해서 나를 누르고 있었다. 갈등과 걱정과 염려가 나를 엄습해 올 때 무릎을 꿇고 기도하며 또 기도했다. 오직 나를 말씀 가운데 지켜주는 것은 기도뿐이었다.

사람들이 주변에 서 있었다. 예정된 시간이 되었고 사표를 내어야 하는 순간이 되었지만 여전히 동료들은 주변에 서서 안타까운 눈으로 바라보며 나를 말렸다.

"서 대리, 다시 한번 생각해 보게, 이건 좋은 방법이 아니야, 자네가 하고 싶어 하는 선교도 다른 방법으로 할 수 있을 꺼야, 다시 한번 생각해 보게."

"이봐 우리 그냥 같이 여기서 지금처럼 일하면서 지내세, 인생 사는 게 다 그렇지 않겠나, 여기만한 곳도 별로 없다네."

　주변에서 가족처럼 그리고 친구처럼 지내던 많은 사람들은 인간적인 걱정과 염려의 말들을 던졌다. 그리고 오랫동안 사귄 끈끈한 정 때문에 그들은 나에게 재고하라고 권했다.

　그러나 예정된 그 시간에 사표를 내었다. 주변 동료들의 애원과 직장을 뒤로 하고 현관문을 나오는 순간 나의 눈에서는 눈물이 흘러 내렸다. 그냥 그렇게 흘러 내렸다.

짧았던 사역의 시간

직장을 마치고 신학대학을 가기위해 서울로 올라왔다. 편입이 되는 신학교를 찾던 중 성결교 신학교에 편입이 되었다. 그리고 성결교 신학교 옆에 만도기계라는 회사가 있었는데 그 회사를 다니면서 신학을 할 수 있을 것 같았다.

그런데 직장에서는 한 달에 두 번씩 주일날 근무를 해야 했다. 직장생활을 하면서 신학을 공부하면 더 좋을 것이라고 생각했었는데 주일을 근무하며 신학을 해야 한다는 것에 대한 마음의 갈등이 시작되었다. 그러나 이제 주님의 길을 가고자 결심한 이상 더 이상 세상과 타협하고 싶지 않아 과감하게 직장을 그만두고 퇴직금으로 학교를 다니기 시작했다.

첫 번째 사역지인 서울 마포구 서교동에 위치한 성광침례교회 전도사로 시무할 때였다. 그날 목사님은 필리핀에 대한 자료를 가지고 오셔서 필리핀 선교의 가능성과 선교의 필요성들을 말씀하셨고 필리핀 선교에 헌신할 사람은 손을 들라고 하셨다.

예배당 뒤쪽에 서 있었지만 그날 필리핀 선교에 대한 강의와 설명은 또렷하게 나의 가슴에 박히고 있었다.

"이 필리핀으로 선교하러 나갈 사람 있으면 손을 들어 주십시오. 누가 필리핀에 가서 이들에게 복음을 전하겠습니까?" 마이크를 통해 나오는 강사 목사님의 목소리는 예배당에 울려 퍼졌고, 목사님의 권유에도 불구하고 교회 안에는 잠잠한 침묵만이 흐르고 있었다. "제가 가겠습니다." 성도들의 시선이 모두 예배당 뒤쪽으로 향했다. 성령님께서 마음을 강하게 두드리셨고, 그 자리에서 필리핀 선교사로서 헌신할 것을 결심하였다.

어머니의 눈물

서울 강남구 대치동에 있는 개척교회에서 두 번째 사역을 하게 되었다. 그때 목사님께서는 교회차량 운행을 위해 대형면허를 취득하기 위해서 운전면허 학원에 등록했다. 운전을 배우러 다니면서 그 운전학원의 사람들을 전도하기 시작했는데 그 결과 학원 사람들 모두가 교회에 나오게 되었다.

그리고 아파트를 돌면서 전도하기 시작했다. 그래서 교회도 조금씩 수적인 부흥이 있기 시작했다.

지금도 마찬가지이지만 그 때도 대치동의 집값은 비쌌다. 그래서 지하에 방을 얻어 아이들과 함께 생활해야 했다. 직장을 그만 둘 때 이미 예견했던 그 가난이 우리를 엄습하고 있었다.

한번은 아이가 아파서 약을 사 먹여야 하는데 가진 돈이 전혀 없었다. 그래서 아내의 결혼반지를 뽑아야만 했다. 그리고 대학원 졸업을 앞두고 있었는데 등록금을 내지 않아 졸업자체가 불투명했다.

답답한 마음에 삼각산에 올라갔다. 그때 성도들과 함께 삼각산에 기도하러 자주 갔는데 그날도 성도들을 버스에 태우고 기도하러 갔다. 하나님 앞에서 등록금을 위해서 목이 쉬도록 기도했다. 일주일 후에 현재 카작스탄에 선교사로 떠난 장 외숙 자매가 등록금의 절반에 해당되는 돈을 주었다.

그리고 절반의 돈이 채워져야만 졸업할 수 있는 상황이었기에 그날도 기도하러 산에 올라갔다. 제대로 먹지도 못하고 너무나 과로한 날들의 연속이었다. 그래서 가끔 차를 운전하다가 졸려서 사고를 낼 뻔하기도 했었다.

삼각산에서 기도한 후 내려오는 길에 버스를 탔는데 버스 운전대를 잡으려고 하는데 손에 피가 묻은 것 같은 느낌이 들었다. 그리곤 아무런 기억도 나지 않았다.

다시 눈을 떴을 때 지하방에 누워 있었고 성도들이 주위에 둘러앉아 있었다. 성도들은 내 모습이 안타까웠는지 요양하라며 돈을 모아서 주고 갔다. 그 금액이 부족한 등록금의 절반이었고, 졸업을 할 수 있게 되었다.

고향에 계신 어머니께서 지하방에 오셨다. 우리의 사는 모습을 보시더니 한 없이 울기만 하셨다. "네가 어쩌다가 이렇게 되었니? 태원아, 네가 어쩌다가 이렇게 되었니?"

어머니는 이제 예수님을 믿기 시작한 단계였기 때문에 하나님에 대해서도 알았고 교회에 대해서도 어느 정도 알았다. 하지만 지하방에서 비참하게 사는 아들의 모습을 볼 때 이것이 하나님의 일을 하는 것인가에 대한 깊은 의문이 들었다. 예전에 좋은 직장을 가지고 있을 때의 모습과 어렸을 때 살아온 아들의 모습을 생각하며 어머니는 한 없이 울기만 하셨다.

바울처럼 믿음으로 살아라!

새벽예배 시간이었다. 그날 아침 목사님께서는 선교에 대해서 말씀하셨고 그 새벽에 주님은 다시금 나의 마음을 두드리셨다. 가슴은 뜨거워지고 눈물은 주체 없이 흘러내리고 있었다. 성령께서는 계속해서 내 마음을 두드리셨고, 마음에 불일듯이 일어나는 뜨거움은 곧 폭발하고 말았다. "내가 네게 원하는 것은 물질도 아니요, 능력도 아니다. 내가 네게 원하는 것은 네 몸이니 지체 말고 가라" 그날 새벽 성령님께서는 나에게 다시금 강하게 역사하셨다.

선교를 떠나기 위해 사직서를 내려고 할 때 목사님께서는 만류하셨다. 선교에 대해서 말씀을 전하셨지만 교회가 부흥되고 있었기에 선교지로 떠나는 것을 만류하셨다. 그러나 더 이상 지체할 수 없다는 생각에 사직서를 내고 사역지를 정리하게 되었다.

교회 사역 이후 바울선교회에서 훈련을 받게 되었다. 바울선교회는 "온 천하에 다니며 만민에게 복음을 전파하라(막16:15)"는 예수님의 지상명령에 순종하여 복음이 필요한 선교지에 선교사를 파송하고자 믿음선교를 기초로 태동되었다.

회장으로 계시는 이 동휘 목사님은 세계복음화를 위한 선교사를 파송하기 위하여 1983년 3월 27일 교회재정의 60% 이상을 선교사역에 쓰기로 결정하고 전주 안디옥교회를 개척하였다. 그 후 선교회의 필요성이 대두되어 1986년 3월 11일 전주 안디옥교회에서 선교회 창립총회를 가진 후 복음주의적 초교파 선교단체로써 국내 자생의 선교회를 출범하게 되었다. 선교의 모범이 되는 사도 바울의 선교 정신을 본받기 위하여 명칭을 바울선교회로 정하고 선교의 주체가 되시는 하나님 한 분만을 바라보고 의지하는 믿음으로 선교하고자 하는 의도를 굳혔다.

1986년 6월 2일 사단법인 한국기독교 선교단체협의회에 가입하였고 9월 첫번째 선교사를 필리핀에 파송하기 시작하여 믿음선교의 결과로 현재 72개국에 245명의 선교사를 선교현장에 파송하기에 이르렀다.

이 동휘 목사님은 바른 지도자의 모습을 몸소 보여주신 분이시며, 영적인 아버지이기도 하다. 그분은 기도의 사람이다. 오직 기도하며 믿음으로 교회를 개척하고 선교를 하시기 때문에 바울선교회에는 기도와 믿음의 정신이 가득 담겨 있다.

이 목사님이 기도를 얼마나 열심히 하시는지, 전라도 오성에서 사역하실 때 삼베옷을 입고 기도를 하셨는데 모기떼가 계속해서 덤볐다고 한다. 그래도 계속 기도하셨는데, 사모님께서 목사님의 삼베옷을 빨려고 옷을 담그니까 대야의 물이 붉은 피로 물들어 버렸다고 한다. 그래서 사모님이 빨래를 하시다말고 그 옷을 보고 우셨다는 말씀을 할 때 깊은 감동이 내 가슴에 전해졌다. 그리고 사역자로서 이 동휘 목사님을 본으로 삼아 기도에 전념하며 사역해야겠다는 결심을 하였으며 그 후 나의 사역에 있어서 그분은 큰 모범으로 서 계셨다.

선교 훈련이 끝나고 이 목사님을 만났다.

"목사님, 전 후원교회가 없습니다. 그리고 제 가족 중에는 예수 믿는 사람들도 없습니다. 어머니만 신앙 생활하시는데 아직 새신자입니다. 선교사로 나가기에 준비된 것이 아무것도 없습니다." 주절주절 내 상황을 이야기했을 때 목사님은 묵묵히 듣고만 계셨다. 그리고 "기도 합시다"라는 단 한마디를 하셨다. 그런데 기도합시다 라는 목사님의 음성이 강하고 확신 있게 마음 속에서 박히기 시작했다.

그때 나를 선교사로 파송하기위해서 24명의 형제 자매들이 개포동에 모여 함께 기도하며 백합선교회를 발족하였다. 가시밭 같은 선교지에 가서 백합화처럼 예수 향기 날리라는 사명을 가지고 형제 자매들은 기도하며 필리핀으로 나를 파송하기로 했다.

파송 날짜를 받아두고 그동안 살면서 가지고 있었던 가전제품과 집에 있는 모든 물품들을 다 나누어 주었다. 그 어떤 것 하나도 돈 받고 팔지 않고 나누어 주었다. 온전히 하나님께 드리는 삶을 살기로 결심했고 그렇게 가야하는 길이기에 한국 땅에서의 나의 모든 흔적들을 나눔으로 지워갔다.

그때에 새장승포교회에서 내가 3년동안 청년회장으로 섬기다가 차기회장으로 물려받은 참으로 신실하고 책임감이 누구보다 강하며 매사에 성실한 강 양국 형제(현재 백합선교회 고문이며 인천에 위치한 선목교회 담임목사로 섬기고 있음)에게 내가 즐겨보던 책들과 목회자료등을 맡기고 선교지로 떠나게 되어서 지금은 우리 백합선교회의 본부가 되고 있음을 인하여 주님께 감사드린다.

"영원한 사랑의 빛 진자가 되어 지금 이 자리에 서 있는 부족한 저희 가족은 이제 주님의 부르심을 받아 선교지를 향해 그 토록 사랑하는 여러분들의 곁을 떠나게 됩니다. 저희가 떠나는 것은 육신이며 우리의 마음은 언제나 여러분과 함께 기도로 함께 호흡하며 영적으로 매일 아니 매 순간마다 만나게 될 것입니다. 기도 부탁 드리옵기는 저희들의 선교지가 순교지 되기까지 필리핀의 영혼들을 가슴으로 사랑하며 섬길 수 있도록 기도하여 주시길 부탁드립니다. 우리가 비록 이 땅에서 다시 만날 수 없다 할지라도 우리의 영원한 본향 저 천국에서 기쁨으로 만날 때 까지 우리 모두 함께 가시밭에 백합화와 같이 우리의 삶이 비록 힘들고 어려울 지라도 결단코 승리하며 예수의 향기를 흩 날릴 수 있기를 소원합니다."

사랑하는 동역자들과의 뜨거운 기도와 그리스도의 사랑의 인사를 나누고 1990년 3월 나와 김 미화 선교사 그리고 어린 두 딸 지혜(6살)와 은혜(4살)와 함께 필리핀으로 날아가는 비행기에 몸을 싣게 되었다.

ASSEMBLY OF GOD
AG
FULL GOSPEL CENTER CHURCH
ROCK
CHRISTIAN SCHOOL
NURSERY · KINDERGARTEN · PREPARATO
Congratulations!
to
The ROCK CHRISTIAN SCHO
FOR HAVING OBTAINED ITS GOVERNM
PERMIT TO OPERATE A KINDERGARTEN S
PERMIT No E-63, S.2003
SCHOOL
ness
WEEK

3

눈물로 세워진 교회

다리 밑에서 시작한 첫 교회

"카무스타카, 굿 모닝?" 아는 말은 다 동원해 가며 아이들에게 다가갔다. 옷도 제대로 입지 못한 가난의 때 자국이 여전한 아이들은 신기한 듯이 나를 바라보았다. 마치 우리의 어린시절을 보는 듯했고, 어쩌면 더한 상황인지도 모르겠다.

필리핀에 도착하여 언어 연수를 위해 마닐라에 머물렀다. 가난한 동네가 옆에 있었고 언어를 배우는 동안 주변을 돌아보게 되다가 다리밑에 살고 있는 가난한 사람들을 보게 되었다. 그리고 사탕을 가져가고 놀이도 하면서 아이들과의 만남이 시작되었다. 처음에는 낯선 이방인을 경계하는 듯 했지만 아

이들은 이내 나를 잘 따랐고 서너명 모이던 아이들이 금새 2,30명을 넘게 되었다. 언어적인 한계 때문에 대화하기에는 어려움이 많았지만 아이들을 사랑한다는 느낌만은 제대로 전할 수 있었다. 사랑은 언어보다도 더 큰 위력이 있는 듯 했다. 말보다 앞선 사랑의 느낌은 아이들에게 다가가게 했다. 아이들은 나를 이삭인 아이삭이라고 불렀다. 여기 저기서 아이삭을 부르며 아이들이 모였고 그 아이들에게 예수님을 전하는 것이 가장 큰 기쁨이었다. 아이들을 모아놓고 찬양을 가르치고, 놀이도 했다. 그러자 이번에는 어른들이 모여들기 시작했다.

현지 언어를 잘 몰랐기 때문에 큰 종이에 사영리를 그림으로 그리고 거기에 영어로 글씨를 썼다. 그리고 이해하고 깨달을 때까지 사영리로 그들에게 설명하고 기도하면서 예수 그리스도를 영접하도록 했다. 1년 2개월 동안 언어연수를 위해서 머문 기간이었기에 사역에 대해서는 구체적인 계획이나 비전이 서지 않은 상황이었지만 아이들과의 모임은 새로운 교회로서의 모습을 만들어 가고 있었다. 그 해 12월 9일 백합선교회 최초의 선교지 교회인 파가사 백합교회를 설립하게 되었다.

파가사 백합교회에서 예수를 믿고 헌신하던 청년이 배를 타고 가다가 파도에 전복되어 죽는 일이 생겼다. 처음 당하는 어려움이었지만 장례를 치르며 함께 하나님의 위로를 나누었다. 그러는 동안 교회는 계속자라 100여명이 모이기 시작했고 제자훈련과 양육이 시작되었다. 이 교회에서 예수님을 영접하고 신앙생활을 한 에디 베르날도 형제는 그 후 신학훈련을 받아 현재 파가사 교회의 목회자로서 섬기고 있으며 그 교회는 견실히 잘 자라고 있다.

일로일로, 절로절로

지금은 비행기로 마닐라에서 한 시간 정도 날아가면 되지만 그때는 22시간동안 배를 타고 그 지역을 가야 했다. 열악한 상황 속에서의 긴 여행은 어린 아이들에게는 무척이나 힘이 들었던 모양이다. 그래서 일로일로에 도착한 이후 지혜가 계속 코피를 쏟고 아프기 시작했다. 어찌할 바를 몰라서 본부로 전화를 했을 때 한국에서 한약을 지어서 보냈다는 연락을 받았다.

그러나 그 한약만을 기다릴 순 없어서 우리는 계속해서 기도했다. 그리고 아이는 치료되었고 기도는 한약보다도 더 강하다는 것을 다시금 체험하게 되었다. 그런데 그때 보냈다는 한약은 아직도 도착하지 않았다.

일로일로는 필리핀 남쪽으로 떨어진 섬이다. 처음 이 지역에 도착하곤 지역이름이 절로 절로 가는 것이 아니라 일로 일로 오라고 하니까 얼마나 복음적이냐며 함께 웃었다. 필리핀은 우리에게는 관광지로 친숙한 나라이며, 이미 많은 단기선교사들이 방문해서 어느 정도는 익숙한 지역이기도하다.

로마 카톨릭의 나라 필리핀

필리핀은 약 3만년 전 부터 생성되기 시작한 7천여개 이상의 크고 작은 섬들로 구성되어 있으며 크게는 북부의 루손섬, 중부의 비사야스, 남부의 민다나오섬으로 구분되어 있다. 7천만의 인구가 대도시 중심으로 살고 있고 인종의 대부분이 말레이인이며 그 밖에 주변 국가들로부터 이주해 온 소수민족들로 구성되어 있다. 언어는 따갈로그어와 영어를 공용어로 사용하며, 그 외에도 100여개 이상의 크고 작은 언어들이 지역에 따라 사용되어지고 있다. 역사적으로 볼 때 1565년부터 1898년까지 무려 300년 이상이나 스페인의 식민지로 있어왔고, 그 후 1899년부터 1946년에 독립하기까지 미국에 의해 통치되어 왔으며 그 사이 1942년부터 1945년은 일본에 의해 점령되었었다. 독립 후 공산당 정권과 4번에 걸친 정권교체가 있어왔고 정권이 교체되는 시기에 수차례에 걸친 쿠데타와 독재정권, 공산주의자들과 회교도들의 게릴라전 등으로 정치적 불안과 경제적 빈곤 속에 어려운 시기를 지나고 있다.

종교 역시 스페인 식민지의 영향아래 로마 카톨릭교가 전체의 65% 가까이 이르고 있고 그 밖에 이글레시아니 크리스트교 (8.4%), 회교(8%), 기타 카톨릭교(8%), 개신교(7.5%), 유사기독교(여호와증인, 몰몬교등) 순으로 나타나고 있다. 일반적으로 필리핀하면 기독교국가로 알고 있지만 위에서 보아 알 수 있듯이 개신교는 7.5%에 지나지 않으며 그 가운데서도 복음적인 그리스도인의 숫자는 5%정도에 불과하다. 종교는 말할 것도 없고 사회, 문화, 기타 여러면에서도 카톨릭적 요소들이 주류를 이루고 있으며 심지어

는 정치권에서도 카톨릭이 행사하는 영향력은 대단하다. 이러한 필리핀의 종교상황을 고려해 볼 때 로마 카톨릭에 대한 기본적 사전 지식없이 필리핀 선교에 발을 내딛는 것은 위험한 일이 아닐 수 없다.

필리핀에 있어 로마 카톨릭은 1566년 스페인이 가지고 들어와 현재까지 이르고 있다. 300년 동안 이 스페인 식민지하에서 로마 카톨릭은 아무런 종교적 어려움 없이 순탄하게 그 세력을 확장해 왔고, 필리핀 국민들과 사회전체 속에 자리잡아오면서 이제는 명실상부한 종교계의 대부로써 그 기득권을 가지고 막대한 영향력을 행사하고 있다.

일로일로 파나이 섬

우리들의 사역지는 필리핀 중부에 위치해있는 파나이섬 일로일로 지역이다.

파나이섬은 우리나라 강원도 크기만한 섬으로 크게 일로일로, 안티끼, 카피스, 아클린 네 지역으로 구분된다. 일로일로는 수도로 주로 우리의 사역 중 교회 사역과 캠퍼스 사역, 교도소 사역이 진행되며, 안티끼는 미전도 종족들인 아띠부족이 살고 있어 그곳에 교회를 세우고 복음을 전하는 일을 진행하고 있다.

이 지역들은 주로 산악지대와 해안지대가 많으며 경제적으로 이들의 주 수입원은 농업과 수산업에 의존하고 있다. 야자, 바나나, 망고, 파인애플 등 여름 과일이 많이 생산된다.

이 지역의 공업은 그리 발달하지 않아 몇 군데의 중소형 공장을 제외하고는 전혀 찾아 볼수 없으며 상업은 일로일로를 중심으로 약간씩 발달되어 가고 있다. 파나이섬 수도인 일로 일로를 중심으로 교육도시가 형성되어 있으며 도심지 안에는 7개의 종합대학과 많은 단과대학과 고등학교가 위치해 있다.

이들이 사용하는 언어는 일롱고어라는 지역어며 중상류 지식층들은 영어를 사용하는데 능통하며 영어를 잘 이해한다. 이 지역의 종교는 필리핀 전체의 성격과 유사하게 80%정도가 로마 카톨릭이며 약 7.5%가 개신교이다.

선교지의 중심사역들

선교지에서 진행한 사역은 크게 다섯 가지로 나눠진다.

첫째는 교회개척사역으로 교회가 없는 지역에 교회를 개척하고 설립하여 복음이 전파되도록 하는 일이다. 현재까지 약 200여개의 교회를 협력개척하였으며, 그 중 100여개의 교회의 건물을 봉헌하게 되었다. 파나이섬 내의 안티끼, 카피즈, 아클란, 귀마라스섬 일대의 각 타운과 마을마다 교회가 없는 곳에 개척교회를 설립하며, 목회자훈련원 (P.T.I.)에서 현재 훈련 중에 있는 목회자들을 중심으로 2005년까지 300교회, 2010년 까지 500교회를, 2020년 까지 1000교회를 개척 하도록 하는 소위 VISION 2005, 2010, 2020을 추진해 가면서 개척되어진 교회들을 부흥, 성장 및 자립시켜 나아가고 있다. 개척되어진 모든 교회들은 담임목회자의 영적 지도 아래 그 지역사회에 구원의 방주이며 빛과 소금이 되고 진리의 등대가 되도록 하는 사역이다.

두 번째는 목회자 훈련원(P.T.I)사역 이다.

현재 등록되어 이미 훈련 중에 있는 84명의 정규학생(현재까지 233명 졸업생 배출)들로 구성된 현지 목회자들이 지속적인 프로그램에 참여하여 목회사역에 새로운 도전과 영적인 무장을 할 수 있도록 훈련시키고 있다. 이들은 3년 동안 현지에서 훈련받고 논문을 쓴 후 연장교육으로 보름정도 한국에 방문하여 이들의 교회성장의 모델로 여기고 있는 한국교회들을 돌아보며 목회 실습 및 사역훈련을 하게 된다.

목회자훈련원에서 배출된 목회자들은 모두 함께 움직이기 때문에 사역과 선교에 큰 원동력이 되고 있다. 이들에게서 훈련된 자들이 신학교에 와서 훈련을 받게 되고, 교회개척사역에 함께 협력자가 되며, 목회자훈련원을 통해서 선교지에서 선교사가 파송되기도 했으며, 선교지에서 선교사를 파송하는 사역은 앞으로 바울선교회에 중요한 정책이 될 전망이다.

세 번째 주요사역은 그레이트 비전교회(Great Vision Church, 현지에서는 G.V.C 교회라고 부른다) 중심의 사역이다. 비전교회는

일로일로에 위치한 교회로 도심선교를 위한 중심 거점이 된다. 대학과 고등학교 등 캠퍼스 선교와 교도소의 재소자들에게 복음을 전하는 사역들, 유치원과 초등학교를 통한 교육사업들이 진행되고 있다. 목회자훈련원의 본부사무실을 이 교회 안에 둠으로서 지속적인 훈련과 교회들의 연결, 한국에서 오신 단기 사역자들과의 협력사역들이 이 교회 사역을 중심으로 일어나고 있다.

네 번째 중요사역은 미전도 종족사역이다. 안티끼에 살고 있는 아띠 부족은 필리핀 원주민으로 교육을 받지 못하였으며, 가진 재산이 거의 없는 필리핀 지역 내에서도 소외되는 종족이다. 이들의 지역이 있는 곳에 들어가서 복음을 전하고 교회를 개척하여 미전도 종족에게 복음을 전파하는 사역을 진행하고 있다. 현재 이 지역들에 10개의 교회가 개척되었고 앞으로 20여개의 교회를 개척하여 훈련할 계획이다.

다섯 번째 중요사역은 신학교 사역이다. 목회자 훈련원 출신자들의 교회에서 헌신되고 훈련된 미래의 사역자들을 훈련하고 이들을 다시금 교회개척과 선교사역의 현장으로 훈련시켜 파송하는 가운데 이미 이들 속에서 선교사로 헌신하고 준비된 자들이 나오기 시작했다. 현재 부지 5만평 위에 신학교육을 위한 건물들이 일부 건축되었고 또한 진행되어 가고 있다. 이 신학교 건물들은 향후 국제 선교훈련사관학교로 미국의 한국인 1.5세들과 한국에서 선교훈련을 받고자 하는 분들을 위한 선교사관학교로서의 위상을 갖춰 갈 예정이다.

바자회로 세워진 교회

이곳에서의 진행된 사역은 바울선교회의 선교정책에 의해서 결정된 사역이었다. 바울선교회 본부장이신 한 도수 목사님이 목회자 훈련원(PTI)의 기초를 이미 마련해 두셨기 때문에 그 뒤를 이어 사역을 담당하게 되었다. 목회자 훈련원의 초창기 사역은 산미가엘 교회에서 이뤄졌다. 이 교회를 건축하기 위해서 전주 안디옥 교회에서는 바자회를 열었다. 그리고 바자회를 통해서 모집된 헌금으로 산미가엘 교회가 건축되게 되었다. 산 미가엘 교회는 목회자 훈련원을 비롯해서 모든 사역의 중심적인 역할을 담당했다. 그러다가 도심선교와 선교정책의 효율성을 위해 일로일로 시내에 비전교회를 설립한 후 그곳으로 목회자 훈련원사무실만 옮겨 가고 매월마다 정기적으로 목회자 훈련 사역을 감당하면서 지역교회로서의 역할을 담당하면서 비사얀 지역의 선교의 산실로써 그 역할을 충실하게 담당하고 있다.

산 미가엘 교회를 설립하기 위해 바울선교회와 전주 안디옥 교회는 교회 건축비를 마련하기 위해 바자회를 개최하였다. 많은 성도들이 참여하여 물건을 팔아서 돈들을 모아 선교지에 보내게 되고 이러한 과정을 반복하여 산 미가엘 교회가 설립되게 되었다. 돌이켜 보면 한 교회, 교회 개척 할 때마다 눈물과 땀이 서려 있지 않은 곳이 없으며 건물이 세워지기까지에는 그 누군가의 수고와 헌신이 들어 있기 마련이다. 이 선교지에 세워진 교회 하나 하나를 돌아보면 현지 사역자들이나 한국교회나 선교단체 혹은 개인 후원자들이나 그들의 한결같은 수고와 헌신이 밑거름이 되어 교회가 설립되었다.

한국 땅에 IMF가 몰아쳤을 때 많은 성도들은 고통을 받았다. 그리고 교회들도 긴축재정으로 돌아갔고 그 여파는 선교지에 미치게 되었다. 많은 선교사들이 고국의 후원이 끊겨서 선교지를 철수하고 돌아가야 하는 상황이 발생했고, 또 어떤 이들은 선교비 후원이 끊긴 열악한 상황 가운데 사역을 진행해 가기도 했다. 이곳 선교지에도 예외는 아니었다. 개척된 몇 몇 교회를 건축하는 일과 프로젝트가 진행 중이던 일들이 갑작스러운 재정난으로 무너질 수밖에 없는 상황이 되었다.

그때 바울선교회 전주 안디옥 교회를 비롯한 뜻이 있는 몇 교회들의 특별한 관심과 후원으로 그동안의 사역도 차질 없이 잘 진행될 수 있었다. 절박한 상황들을 만날 수 있었음에도 불구하고 고국에서 기도하여 주시는 동역자님들의 사랑과 성원으로 극복할 수 있었다. 시간이 지난 뒤에 알게 된 사실이지만 그때 우리 선교지로 보낸 선교비는 바울선교회에서 빚을 내어서 보내 준 것이라고 했다. 선교사역에 조금의 어려움도 없이 하나님의 복음이 온전히 전파 되기를 바라시는 일념으로 고국 교회의 어려움과 선교회의 어려움은 돌아보시지 않고 오직 선교지만 생각하시며 빚을 내어 보내 주신 선교비를 생각하면 그 교회들의 숭고하고 거룩한 하나님 나라 확장을 위한 열심과 열정에 깊이 머리 숙여진다. 이렇게 교회는 하나, 하나 개척되어 갔다.

목숨보다 귀한 것

어느 금요일 오후였다. 그날도 복음을 전하려고 일로일로 시내에서 약 1시간 떨어져 있는 산골짜기로 강을 건너고 산을 넘어서 들어갔다. 칼란산안 이라고 불리는 이 마을은 하니와이라는 타운에 속해 있으며, 아직도 생명의 복음에 대해 제대로 들어 보지도 못한 사람들이 살고 있는 곳이기도 하다.

그리고 이곳은 산세가 험하고 외진 곳이어서 필리핀 공산군들이 주로 활동하는 곳이어서 선교에서도 기피되는 곳이기도 하다.

우리 복음전도팀은 그 마을에 도착하자마자 기도를 드렸다. 그리고 아이들을 모아 노래와 율동을 가르치며 하나님의 말씀을 가르치기 시작했다.

"이닝 아들라우, 이닝 아들라우, 기니모상 조스……." 찬양소리는 점점 크게 퍼지고 마을의 아이들은 하나 둘씩 모여들기 시작했다. 그리고 어른들도 아이들이 모이는 곳에 기웃거리며 주변에 서성

거리기 시작했다. 일행들은 저마다 맡은 역할에 따라 복음을 전하였
다.

그러던 중 한 사람이 나에게 다가왔다. 그리고 개인적으로 이야
기를 할 것이 있으니까 조용한 곳으로 가자고 했다. 순간 N.P.A(필
리핀 공산군의 약칭)가 아닌가 하는 생각이 스쳐 지나갔다.

만약에 이들이 내가 염려했던 대로 공산군이라면 어떻게 대해야
할 것인지에 대해서 생각했다. 그리고 기도했다. "하나님, 이들이
공산군이며, 나에게 위협을 가해 온다면 제게 지혜를 주십시오. 그
래서 하늘의 비밀을 말하게 해 주시고 제 얼굴이 스데반 집사님처럼
천사와 같이 그들 앞에 빛나게 해 주십시오." 설마하며 한 생각이
불행하게도 그대로 들어맞았다.

아나나 다를까 조금 무섭게 생기고 혈기가 있어 보이는 30~40
대 정도의 남자 둘이 M16총을 들여대는 것이었다. 그들은 나에게
가진 돈을 다 내어 놓으라고 했다. 그리고 이 지역을 떠나고 다시는
들어오지 말라고 했다.

순간이었지만 무슨 말을 어떻게 해야 할지를 구하는 기도를 다
시 드렸다. 그리고 여기서 죽더라도 하나님의 온전한 사명을 감당해
야겠다는 뜨거움이 가슴에서 일어났다. '사명이 생명보다 더 귀하

다는 바울사도의 말씀처럼 이 사명을 위해서 여기까지 오지 않았던
가……'. 죽음을 생각하니까 마음이 초연해 지면서 담대해지기 시
작했다.

"나는 선교사입니다. 저는 여러분이 생각하는 것만큼 돈을 많이
가지고 있지 않습니다. 저는 이곳에 예수 그리스도의 복음을 전하기
위해 왔습니다. 저는 당신들의 적이 아니라 친구가 되고 싶어 한국
에서 온 사람입니다……." 하나님께서 주시는 담대함과 용기를 가
지고 그들앞에서 복음을 전하기 시작했다. 죽으면 죽으리라는 마음
으로 오직 복음 전하기에만 힘을 썼다. 나에게 별로 얻을 것이 없다
고 생각했는지 그들은 나를 살려 주었다. 주님의 은혜로 그 순간 그
자리를 모면하게 된 것이다.

교회로 돌아와서 성도들에게 간증을 나누었다. "M16 소총을 든
사람들을 요한복음 3장 16절로 이겼습니다. 하나님께서 크신 일을
하게 하셨습니다." 성도들은 간증을 듣고 모두 기뻐하며 함께 하나
님께 찬송과 영광을 돌려 드렸다.

그러나 문제는 그 다음부터였다. 몇 주가 지나고 다시 그곳에 복
음을 전하러 들어가야 할 시점이 되었다. 순간 머뭇거려졌다. '또
들어가야 할 것인가? 그들이 기다리고 있다면 어떻게 할 것인가?'

우리의 결정은 단호했다. 그 뒤로 자주 그곳을 방문했으며 시간이 지나자 나에게 총을 겨누고 있었던 한 사람이 세례를 받는 일이 일어났다. 그때 위험한 상황속에서 내가 제시한 복음을 영접하게 된 것이다. 그 후 그는 총을 내려놓고 그 손에 기타를 들고 교회에서 찬양을 인도하는 신실한 형제로 훈련되어 갔다.

이 일 이후로 그곳에 칼란산만 크리스챤 교회가 세워졌다. 교회는 비전교회의 자매교회로 서게 되었고 교회에서 유치원을 운영하면서 지역주민들의 문맹을 일깨우는 일을 담당하기 시작했다.

지금도 이 교회는 그 지역의 복음의 등대요, 영혼을 구원하는 방주의 역할을 감당하며 날마다, 달마다 성장하고 있다. 최근에는 그 교회에서 또 다른 교회(히볼로 크리스챤 교회)를 개척하며 자매교회를 세우게 되었다.

하나님께서는 위기의 순간에 하늘의 지혜를 주셔서 복음을 증거하게 하셨고 담대하게 전한 복음으로 말미암아 교회가 생기며 그 지역이 복음화 되게 해 주셨다. 조그마한 믿음에 용기를 주셔서 복음의 도화선이 되게 하신 하나님께 감사드린다.

오토바이를 몰던 목사님

이곳을 다녀가신 분들은 모두 이해하겠지만 이곳은 상황이 열악하다. 많은 교회가 개척되고 또 설립되었지만 여전히 그들 중에 많은 목회자들은 자립하지 못해 계속되는 가난과 싸워야 하며 그러한 열악한 상황 속에서도 복음을 전하기 위해 힘을 쓰고 있다.

선교지에서 자력으로 교회를 건축한다는 것은 생계자체가 불투명한 그들의 입장에서는 불가능한 일인지도 모른다. 그러나 그들은 계속해서 하나님의 교회를 세우기를 힘쓰며 복음전하기를 힘쓰고 있다.

귀마라스 섬에 등대교회를 건축하게 되었다. 담임목사인 로란도 카피리탄 목사님은 교회 건축을 위해 쉬지 않고 일을 했다. 교회가 지어져 가고 완공되어 가면서 제정적인 어려움은 계속되었다.

그래서 그 목사님은 낮에는 심방과 전도를 하면서 목회사역을 계속하고 밤에는 오토바이로 사람들을 태워 주는 아르바이트를 하게 되었다. 가정의 어려움도 돌봐야 했고 또한 교회 건축의 재정도 부담해야 한다고 생각했다. 이러한 일들이 계속되다보니 목사님은 피로가 누적되어 갔다.

"목사님, 교회 건축도 중요하고 목회에 전념하는 것도 중요합니다. 그러나 건강을 잃으면 복음을 전할 수가 없습니다. 가족도 돌보셔야 하고 교회도 돌보셔야 합니다. 그러니까 너무 무리하게 일하지 마세요." 그의 건강이 염려되어 만날 때마다 주의를 당부했다.

"선교사님, 교회를 건축하는 것이 얼마나 기쁘고 또 중요한 일입니까? 모두가 열심히 이렇게 헌신하는데 담임 사역자로서 제가 이 정도도 하지 않아서 되겠습니까? 괜찮습니다. 전 이 일이 너무나 기쁩니다." 늘 웃으면서 그렇게 대답하곤 했다.

어느 주일 아침이었다. 예배 설교를 하기 위해서 집에서 나오던 목사님은 쓰러지셨고 그날 아침 예수 그리스도의 품으로 가셨다. 선교지에서 순교자적인 삶을 살다가 먼저 가신 분들을 대할 때마다 마음이 무겁고 또한 그 희생이 다시금 엄숙하게 느껴진다. 하나님의 교회를 온전히 세워가기 위해 목양하며 또한 오토바이를 타고 아르바이트를 하며 주야로 분주했던 목사님의 모습이 그려진다.

그분은 하나님께로 먼저 가셨지만 남은 현지 교회 사역자들은 더욱더 열심히 교회를 위해 충성하게 되었다. 지금 등대교회는 사모님이 맡으셔서 사역하고 계신다. 사모님은 목회자 훈련원과 신학훈련을 받으시며 사역자로서의 준비를 계속해 오셨다.

목사님의 헌신적인 삶과 수고로 등대교회는 그 지역 속에서 등대처럼 반짝이며 예수 그리스도의 구원을 선포하는 일을 계속해 가고 있다.

이름 없이 빛도 없이

교회는 계속해서 개척되어 갔고 또한 건축되어
져 갔다. 교회의 개척은 현지 목회자들과 협력하여
전도하며 복음을 전함으로 일어났고 교회 건축에
는 많은 한국교회와 성도들의 후원과 기도가 있었
기 때문에 가능했다. 선교지에 교회를 헌당하여 현
지인들이 마음껏 예배하며 하나님을 경배하도록
했다. 우리의 사역은
모두가 함께 하였기
에 가능한 사역들이
었다. 함께 헌신하고
협력하신 분들을 모
두 밝힌다면 아마도
이 책으로는 부족할

것이다. 그리고 후원하신 많은 분들이 하나님 앞에서 기쁘게 드렸기에 그 자체로 감사하고 있다.

여러 교회를 건축하면서 특히 함께 나누고 싶은 기억에 남는 분들을 소개할까 한다. 대구에 소재한 태영 선교회(회장: 도 원욱 목사님)의 서 덕조 목사님과 최 병태 장로님을 통하여 소개 받게 된 노부부 집사님이었다. 이분들에게는 자녀가 없었다. 그래서 자신들의 재산을 하나님께 드리기로 작정하고 선교지에 교회를 건축하는 일에 모든 것을 바치기로 작정하였다. 여러 교회를 건축하셨지만 두 교회 헌당식에만 참석하고 그 다음부터는 참석하지도 않으셨다. 교회 건물에 그분들의 이름 석자라도 남겨 둘까 했지만 극구 반대하셨다.

"선교사님, 제가 살면 얼마나 더 살겠습니까? 하나님 앞에서 제 물질을 드려 하나님의 교회가 세워지고 복음이 전파되어 간다면 이것보다 더 기쁜 일이 어디 있겠습니까? 하나님만 아시면 됩니다. 사람에게 보이거나 나타낼 필요는 전혀 없습니다. 그렇게 하지 마세요. 그 어떤 곳에도 제 이름과 제 소속을 밝히지 마시기 바랍니다."

교회는 계속해서 개척되어 갔고 그러한 와중에 사모님이 되신 권사님께서 먼저 하나님의 부르심을 받고 세상을 떠나셨다. 그래도 교회 건축은 계속되었다.

그분은 자신의 전부를 드려 하나님의 교회를 짓는데 진력하셨다. 지금 이 분은 모든 재산을 선교 현장에 다 쏟으시고 셋방에 기거하시면서 생활하고 계신다. 몸이 건강하시지 못하시기에 먼저 간 권사님과 하나님을 뵈올 날이 그리 멀지 않았는지도 모른다. 하지만 두 분의 헌신과 사랑은 현지 교회를 담임하는 사역자들과 성도들의 가슴에 깊이 새겨져 있다. 교회 개척사역에 있어서는 절대적으로 빼놓을 수 없는 분이시지만 그분이 이름 없이 빛도 없이 하나님께 섬기기로 약속하셨기에 그 약속을 존중하여 이 책에서도 밝히진 않는다. 비록 이 땅에 교회의 머릿돌에는 새겨지지 않았지만 하나님 나라에는 크게 새겨져 있을 것이라고 확신한다.

별처럼 빛나는 헌신

"선교사님, 이 돈으로 선교지에 교회를 짓고 싶습니다." 충남에 계신 현 은하 목사님께서 개척교회를 세우기 위해 헌금을 보내셨다. 이 분은 한 교회에서 열심히 사역하시고 은퇴하신 은퇴목사님이시다. 교회는 현 목사님의 노후를 돌봐 드리기 위해 그분의 사택을 지어드리려고 했다. 그러나 그분은 극구 사양하셨다. 얼마 되지 않은 이 땅의 생을 편하게 지내기 위해 내 집을 마련하기보다 하나님의 백성들이 마음껏 예배하며 영광 돌릴 수 있는 주님의 몸된 교회를 건축하는 것이 하나님보시기에 더욱더 아름답다고 생각하신 목사님은 주위의 반대와 만류를 마다하고 현지에 교회를 세우는 일을 시작하셨다.

한국에 계신 성도들의 도움을 통해서 교회를 짓게 될 때 현지 목회자와 성도들에게는 얼마나 큰 기쁨과 감동을 일으키는지 모른다. 그들 교회는 가난과 싸우면서 교회 건축을 위해 나름대로 헌금을 모았지만 너무나 부족한 정도였다. 하지만 그들의 열심과 기도를 들으신 하나님께서 귀한 동역자들을 보내시어 건축하게 하신 일들이 얼마나 감사하고 귀한지 모른다. 블리스 크리스찬 교회가 지어져 헌당예배를 드릴 때 그 기쁨이 너무나 커서 감사의 눈물을 흘리는 현지 목회자들도 많았다. 한 평생을 하나님의 나라를 위해 헌신하시고 마지막 순간까지도 주님께 온전히 자신을 드리길 원하신 현 목사님은 이곳 선교현지의 사역자들의 본이 되어 주셨다.

늘 선교를 위해서 기도하며 하나님 나라 확장을 위해 관심을 가지신 사모님이 계신다. 이 사모님은 선교지에 교회건축을 위해 자신이 가진 사재를 모두 모아 선교지로 보내 주셨고 그 금액으로 교회를 건축하게 되었다.

그런데 핍박은 예기치 않은 곳에서 나타났다. 그 교회 장로님께

서 사모가 무슨 돈이 그렇게 많으냐며 아마도 그 돈은 교회의 헌금을 횡령한 것일 거라면서 사모님을 법원에 고소하는 사건이 발생했다. 사모님은 교도소에서 20일을 사셔야 했고 결국 그 사건은 무혐의로 종결되었다.

사모님은 하나님의 나라 확장을 위해 자신의 것들을 드린 것이 잘못 이해되어 많은 고초를 겪으셔야만 했다. 모든 것이 밝혀지고 정상적으로 다시 돌아가도 하나님을 위해 헌신하면서 고초를 겪은 사모님의 심정을 우리 주님은 아시리라 믿는다. 그분은 여러 군중의 비난 속에 묵묵히 십자가의 고난을 감수하시면서 걸으셨던 주님의 길을 온전히 걸어가고 계신다.

그 외 많은 교회와 헌신자들을 통해서 200여개 교회를 개척해서 현재 약 130여 개의 주님께서 피로 값주고 사신 몸된 교회 건물이 세워지게 되었다.

4
지도자를 훈련시켜라

목회자가 살아야 교회가 산다

매달 한번씩 4박 5일 동안 목회자 훈련원(P.T.I) 사역이 진행된다. 지역교회를 담당하고 있는 목회자 훈련사역은 바울선교회의 선교정책 중 가장 중요한 사역이기도 하며 우리가 진행하는 사역의 핵심이기도하다. 지금까지 진행되는 중요한 선교사역의 가장 중심부에는 목회자 훈련사역이 들어 있다. 교회개척사역 역시 목회자훈련원 출신의 지역 목사님들의 협력과 도움이 없다면 불가능했을 것이다. 이들의 협력과 지원으로 계속해서 복음이 필요한 지역에 교회를 개척할 수 있게 된 것이다.

또한 신학교 사역 역시 목회자훈련원 출신 목사님들이 교회에서 가르치고 훈련한 형제, 자매들을 신학교에 보내 주기 때문에 시작할 수 있게 되었다. 그리고 현지에서 현지 사역자들을 훈련시켜 선교사로 파송하는 일도 목회자 훈련원을 통해서 그 꿈들이 태동되게 되었다.

　　목회자 훈련원(PTI)의 훈련 프로그램은 매달 2박3일(때로는 3박4일)동안 지역의 목회자들이 산미가엘 교회에서 합숙하며 영적 훈련과 목회정보를 나누며 영성훈련을 하는 시간을 가진다. 이 훈련에 참석하는 지역목회자들의 열심과 열정은 말로 표현할 수 없다. 가깝게는 20분정도의 거리에서 오시는 분들이 있는가 하면 이 모임에 참석하기 위해서 2박3일동안 배를 타고 혹은 걸어서 오시는 분들도 계신다. 이렇게 참석하여 함께 하나님의 말씀을 공부하고 교회를 살리기 위한 훈련을 하는 것은 선교사역에 가장 큰 원동력일 뿐만 아니라 지역교회들을 살리는 원동력이 된다.

공동체의 영성은 리더의 영성을 능가할 수 없다. 복음이 전파되어가는 과정에서 더욱더 체계적이며 효과적으로 복음이 전파되기 위해서는 리더를 훈련하고 그들을 세워가야 한다. 바울선교회는 이런 중요한 사실을 인지하고 지역의 목회자들을 훈련시키는 사역을 통해서 현지 선교는 현지인들이 중심이 되어 사역할 수 있도록 하였다.

필리핀 교회가 예배를 드리는 모습들이나 특징들을 살펴보면 그들은 찬양을 좋아하며 찬양부르기를 선호한다. 이러한 장점은 예배의 분위기가 축제적인 분위기가 되며 모든 사람이 기쁜 마음으로 함께 참여하게 된다. 그러나 한편으로 기도에 소홀하며 말씀 연구에 상대적으로 소홀한 면들을 많이 보게 된다.

목회자 훈련원에서는 종합적이고 체계적인 훈련을 통해서 균형 잡힌 목회자가 되도록 돕고 있지만 더욱더 그들의 영성에 균형이 잡히도록 말씀과 기도에 주력하여 훈련하고 있다.

목회자 훈련원은 3년 동안의 교과과정을 마친 후 논문을 쓰게 하고 모든 과정이 통과되면 보름동안의 한국교회 탐방의 기회를 갖는다. 현재 목회자 훈련 사역은 그야말로 생동감 넘치는 성령 충만함 속에 은혜롭게 진행되고 있다. 날이 가고 달이 갈수록 성장, 발전되는 모습을 보면서 하나님께 감사와 영광을 돌린다.

목회자 훈련원 사역 (PTI)

이곳 필리핀의 복음화를 보다 신속히 그리고 효과적으로 추진하기 위해서는 무엇보다도 현지 목회자들의 영적 무장이 우선 되어져야 한다. 왜냐하면 목회자가 먼저 영적으로 깨어 있어서 올바른 영적지도력과 모범된 삶을 보여줄 때만 필리핀의 교회가 부흥, 성장될 수 있기 때문이다.

이곳 필리핀에는 많은 신학교가 세워졌고 또한 세워지고 있지만 신학교를 졸업한 목회자들이 주님께 대한 헌신의 부족과 희생을 꺼려하는 소극적인 자세로 말미암아 목회를 하지 않고 놀고 있거나 다른 직업을 갖는 경우가 많이 있음을 보면서 이들에 대한 영적 재교육을 실시케 하는 것이 가장 중요한 사역임을 느끼게 된다. 그래서 사역의 방향 역시 목회 대학원 수준으로써 3개년 과정으로 영적 훈련과 함께 신학교육을 보충하여 가르치고 있다.

뿐만 아니라 3년 과정을 마치고 난 졸업생들은 우리 한국으로 초청하여 약 2~3주간 한국교회를 방문케 하고 한국교회의 성장 배경을 배우고 익히게 하여 새로운 교회부흥에 대한 도전과 용기를 얻게 하는데 현지 목회자들의 한국방문은 선교현장에서 놀라운 변화들을 가져오게 되었다.

이곳 필리핀 중부지방 비사얀 일로일로 지역에 세워진 저희 목회자 훈련원에 등록되어 훈련받고 있는 목회자들은 제1기생 7명으로 시작하여 현재 제12기 졸업생을 포함하여 233명의 졸업자가 배출되었으며 현재 84명이 훈련을 받고 있다. 정말 감사한 것은 이들 중 단 한사람도 낙오자 없이 모두 교회를 맡아 열심히 목회사역하고 있다는 것이다.

강의와 수업은 커리큘럼에 따라 진행되며 현지인 교수님들과 한

국에서 강의를 위해 와주시는 목사님들이 강의를 진행하고 있다. 목회자훈련원이 진행되는 동안 강의뿐만 아니라, 영성훈련에도 전력하며 이들의 목회활동을 파악할 뿐 아니라 권면과 격려를 위해서 이들의 목회 현장을 방문하게 되는데 참으로 많은 것을 느끼게 된다.

이들 가운데는 일로일로 도심지에서 목회를 하는 분들도 있지만 대부분의 경우 산골이나 산호섬에서 목회를 하고 있는 분들이다. 이분들의 교회를 방문하여 설교도 하고 위로도 하고 있지만 그때마다 눈물을 흘릴 수밖에 없는 이들의 목회 현장의 모습은 참으로 비참할 정도이다.

식생활이 어려워서 굶주림 가운데서도, 필리핀 공산군(N.P.A)의 위험 가운데서도 목숨을 내걸고 순교의 각오로 목회하고 있는 이들의 모습을 대하며 같이 생활하다보면 우리들이 가진 물건들을 모두 그들에게 나눠 주다 때로는 단벌신사가 되기도 한다. 가난한 자들과 복음이 필요한 자들을 위해 그들을 사랑하셔서 우셨던 예수님의 심장을 통해 그들을 바라볼 수 있었고 때로는 나의 모든 것을 줄 수 있는 용기가 생기게 되었다.

이들이 사는 곳은 아직도 전기불이 없는 곳이 대부분이며, 가파른 산길과 거친 파도를 헤쳐 건너가야 하는 많은 섬들 가운데서 목회하는 이분들의 그 믿음의 용기와 살아 생동하는 목회현장을 바라보면서 나 자신의 부끄러움과 강한 도전을 계속 받게 된다. 그러면서 어느새 우리는 그리스도의 한 형제 한 가족이 되어가고 있었다.

현지 목회자들에게 실시되는 훈련은 영성훈련과 더불어 신학 및 목회에 도움이 되는 보충교육들이 체계적으로 이뤄지고 있다. 그리고 학사관리도 엄격하게 하여 수료를 하지 못하고 유급되어 다시 공부하는 목회자들도 나오고 있다. 이들을 엄하고 혹독하게 훈련시켜야 하는 이유는 이들의 영성이 바로 그 공동체의 영성이 되기 때문이다. 그래서 그 어떤 일이 있어서도 지도자의 영성을 떨어뜨리는 일은 하지 않고 있다. 그래야만 교회도 살고 사역자도 살며, 이 지역에도 계속해서 복음이 전파되어 갈 것이기 때문이다.

교육은 이론에 치우치지 않도록 건강한 균형점을 갖도록 최대한 배려하여 훈련하고 있다. 성숙한 지도자는 영성과 신앙에 있어서 건강한 균형점을 가진 지도자일 것이다. 이들의 사역 속에 건강한 목회의 균형점을 찾을 수 있도록 지도하며, 가난과 어려움 때문에 목회를 포기하거나 복음을 전하는 일을 소홀히 하지 않도록 끊임없이 성령님의 도우심을 간구하며 기도하는 일과 말씀 보는 일에 전념할 수 있도록 지도하고 있다.

목회자 훈련과정의 마지막은 한국방문을 통해서 이뤄진다. 3년간 훈련과정을 수료하고 논문심사를 통과한 분들은 보름동안 한국

교회를 방문하여 목회와 교회 성장을 배우게 된다.

이들의 방문을 위해 한국교회에 협조 공문을 보낼 때 항상 몇 가지 당부를 드리고 있다. 이들의 방문이 단순한 관광이 아니라는 점과 비록 가난한 나라에서 왔지만 목회자라는 점을 상기시키며 교회에서 존경과 예를 갖추고 대해 줄 것을 부탁드린다. 물론 방문하는 이들에게도 한국에서 목회자가 얼마나 존경받고 있는지에 대해서 설명하고 나름대로 자신이 할 수 있는 최대한 예와 격식에 맞는 옷을 입고 행동하도록 요청한다.

한국방문을 통해서 들리거나 목회교육을 받게 되는 곳은 여러 모양으로 선교지에 후원하며 지원하는 교회들을 중심으로 이뤄지기 때문에 한국을 방문하는 현지 목회자들이나 한국에 계신 목사님들이나 이미 구면이어서 그 반가움은 배가 된다. 부흥한 교회들을 돌아보고 목사님들과 함께 목회현장을 돌아보게 된다.

한국 방문을 하는 동안 현지 목회자들은 크게 도전을 받게 되는데 주로 교회성장과 교회부흥을 위해 헌신적으로 일하시는 한국 목사님들의 모습을 보고 감동을 받아 필리핀에 돌아가서 교회를 건축하거나 부흥시키는 사례도 나타나고, 특히 산기도나 철야기도와 같은 필리핀 목회자들로서는 상상도 잘 되지 않는 기도의 자리에 함께 가서 기도하면서 기도에 대한 강력한 도전을 받고 돌아가기도 한다.

ACIMI^(Agape Christian International min.Inc.)의 역할 및 사명

일로일로 목회자 훈련원(PTI)을 졸업하고 어느 교단이나 단체에 소속되어 있지 아니한 독립교회들이 모여서 하나의 큰 공동체를 이루고 있으며 현재까지 약 70여교회가 소속되어 있다.

ACIMI를 통해서 목회자는 물론 평신도 지도자들까지 훈련하며 각 교회간에 강단 교류와 목회적 정보를 비롯한 각종 친교활동을 강화 해 나가고 있는데 그 중에서도 가장 큰 목적 중에 하나는 동남아 선교를 위한 하나의 선교 공동체를 형성해 나아가고 있는데 더 큰 의미를 부여하고 있다.

이러한 분명한 목적 달성을 위해 기도하던 가운데 지난 2000년에 공식적으로 조직을 설립, 운영해 가고 있다. 이러한 조직체를 통해 JPHC(필리핀 예성)이라는 상부 기관에 소속되어 처음으로 현지 목회자들에게 목사안수를 주었다.

지난 2003년 2월에 일로일로시내 위치한 그레이트 비젼교회에

서 거행되었던 현지인 목회자들(JPHC 소속, ACIMI 목회자)에 대
한 목사 안수식 때에 안수받은 ACIMI 목회자들의 명단을 다음과
같이 소개한다.

Qualified Candidates for Ordination

Name	Church Name & Address	Remark
1. Abad, Anthony	Shekinah Christian Church San Jose, Antique	
2. Andion, Wilson	Agape Christian Church Bugnay, Jordan, Guimaras	
3. Caalem, Quirico	Camandag Christian Church Camandag, Leon, Iloilo	Reaffirmation
4. Cusa, Peter	Prince of Peace Christian Church Bulwang, Aklan	Reaffirmation
5. Dolendo, Randy	Iloilo Christian Munchang Church Calumpang, Arevalo, Iloilo City	
6. Elosendo, Rogelio	Dao Bible Believing Church Antique	
7. Escultor, Joemarie	Great Vision Church Bolilao, Mandurriao, Iloilo City	
8. Jaque, Angelito	Lutong Bible Believing Church Lutong, Jordan, Guimaras	
9. Luceo, Rex	Jesus Saves Bible Church Pavia, Iloilo	
10. Perono, Jonathan	Balasan Christian Church Balasan, Iloilo	
11. Prado, Henry	Antioch Christian Church Boulevard, Molo, Iloilo City	Reaffirmation
12. Pudadera, Antonio	Won-Il Christian Church Carles, Iloilo	
13. Toreta, Roger	Praise Center Church Boulevard, Molo, Iloilo City	Reaffirmation

일로일로목회자훈련원(P.T.I.)졸업생 한국방문일정

'하나님의 크신 은혜와 여러 선교 동역자님들의 기도와 성원 가운데 약 3년간의 훈련과정을 수료하고 마지막 코스로써 2003년 5월 16일부터 30일까지 (15일간) 우리 한국교회를 방문하여 목회와 교회성장을 배우고자 다음과 같은 방문일정을 따라 추진코자 하오니 참조 하시어 기도해 주시길 바랍니다.' 라는 기도 부탁의 글로써 참고로 작년에 진행되었던 방문 일정을 소개한다. 아울러 이러한 연장 교육 프로그램을 위해 기도해 주시고 성원해 주시는 여러 한국교회들 앞에 주님의 이름으로 깊은 감사를 드린다.

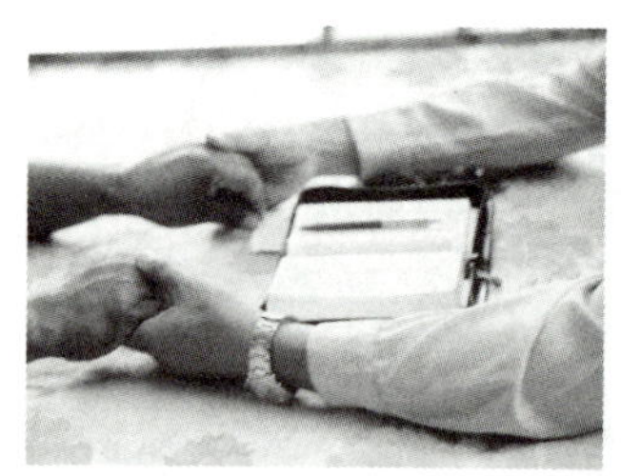

1.연장교육 프로그램 대상자:P.T.I.제12기 졸업생 28명중 20명

2.방문일정

날짜	요일	오전	오후	저녁
5.16	금		서울도착(KAL) 5:30 PM	명일성결교회 함께하는교회
17	토	교회성장세미나(1)		시온교회(대학부)
18	주일	평화교회 소망선교 교회	참좋은교회 안양제일소망교회	샘터교회 성신교회
19	월		태영선교회	
20	화	교회성장세미나(2)	성서중부교회	주암산기도원
21	수			대구원일교회
22	목	울산 말투스선교회	은광교회	울산광장교회
23	금	산업시찰 (현대자동차 중공업)		울산산돌교회 동해석동교회
24	토	교회성장세미나(3)	포항제철방문	포항성남교회(대학부)
25	주일	전주 안디옥교회 천곡제일교회	서울산교회	전주목원교회
26	월	온고을 고교집회	농어촌 교회 방문	여천소망교회 흰돌교회
27	화	농어 촌 교회방문 및 목회실습 평가회	옥남교회	늘기쁨교회
28	수	스테파노 선교회	대전 엑스포 방문	선교로교회 반석위에세운교회
29	목	순교자 기념관	강남중앙침례교회 (대학처)	금파감리교회 백합선교회
30	금	마닐라로 출발 (KAL)8:30 PM		

예수 믿으세요.

필리핀 목회자들이 우리나라 경주에 들렀을 때였다. 일행들이 고적지를 보기 위해 돌다가 불국사에 들리게 되었다. 필리핀 목회자 중 패르난테스 목사는 일로일로에서 1,000명이 넘는 교회를 목회하는 담임목사이다.

이 목사님은 늘 복음에 대해 뜨거운 열정을 가지고 있었고 기회가 되면 언제든지 복음을 전하곤 했다.

이날도 불국사 앞에서 전도하기 시작했다. 비록 영어로 하는 이야기이지만 사람들은 그가 예수님을 전한다는 것을 알 수 있었다. 불교 유적지에서 전도한다는 것은 타 종교인들에게 반감을 갖게 할 수 있는 일이어서 제어하려고 했는데 나보다 먼저 불국사 담당 승려가 보았다.

"아니, 이렇게 몰상식한 사람이 어디 있습니까? 여기가 어디인 줄 알아요?" 승려의 제지에 다소 당황해 했지만 그 목사님은 뭐가

뭔지 분위기 파악을 제대로 하지 못하고 있었다. 상황이 진정되고 나서 조용히 그에게 다가 갔다.

"목사님, 여기는 불교 사원입니다. 한국에서 유명한 불교 고적지입니다. 여기서 전도를 하는 것은 타 종교인들에게 오히려 기독교의 반감을 불러일으킬 수도 있어요." 이렇게 설명해 가자 그 목사님은 굉장히 미안해하며 이곳이 불교 사원인줄 몰랐으며 그냥 유적지인 줄만 알았다고 했다. 그러면서 누를 끼치게 되어 미안하다며 사과를 했다.

비록 전도한 곳이 불국사여서 문제가 되긴 했지만 현지 사역자들의 복음에 대한 열정을 단면적으로 볼 수 있는 기회였다. 한국 땅에 까지 와서 언어가 통하지 않는다는 것을 알면서도 복음을 전하려고 애쓰는 모습은 참으로 귀하고 아름다웠다.

필리핀 볼 주세요

한국 교회방문이 진행되는 중 릭키 전도사는 담석으로 병원에 입원하게 되었다. 한국 방문 중 아픈 사람이 발생하면 참으로 난감하다. 특히 외국인은 의료보험이 되지 않기 때문에 의료비가 상당히 많이 나오게 된다.

그런데 그동안의 지병이 한국에서 다시금 발병하여 병원에 입원하고 수술까지 해야 하는 상황이 발생했다. 예기치 않은 환자 발생에 수술까지 하게 되어 우리가 감당할 수 없을 정도의 많은 병원비가 나오게 되었다. 그때 울산 광장교회 구 재상 목사님과 천곡제일교회 권 신철 목사님께서 수술비를 모두 마련해 주셨다.

이 교회들은 자그마한 교회여서 재정적인 여력이 그리 많지 않은 교회임에도 불구하고 목사님께서는 다른 몇 교회와 더불어 수술비를 마련해 주셔서 수술을 하게 했고, 그 후 자신의 집에서 이 환자를 데려다가 극진한 간호까지 해 주셨다.

구 재상 목사님은 겸손의 표상으로 현지 목회자들에게 진정한 겸손이 무엇인지를 몸소 가르쳐 주시는 분이시다. 그분의 얼굴은 늘 미소와 웃음으로 가득하며 인사를 할 때는 누구나 할 것없이 머리를 깊숙이 숙여 인사를 하신다. 때로는 그분의 깊은 겸손과 섬김이 송구스럽기까지 할 정도로 그분은 우리 사역에 있어서 크신 도움을 주시며, 인격적으로 예수님의 모습을 가지신 분이시다.

우리 일행이 울산에 많이 머물며 생활하는 것도 모두 구 재상 목사님의 협조와 도움 때문에 가능한 것이다. 구 목사님은 처음 교회를 사역했지만 전주 안디옥 교회의 모델을 삼아서 교회재정의 60%를 선교를 위해서 사용하려고 했는데 교회의 구조적인 문제로 여의치 않게 되자 다시금 개척하셨다.

이번 교회는 작지만 3층과 4층을 선교사 숙소로 만들어 두어 목회자훈련원 목회자들이 한국을 방문할 때 쉴 수 있도록 만들어 두셨다. 뿐만 아니라, 우리 자녀(지혜)의 학비문제로 힘이 들 때 마다 기쁜 마음으로 도움을 주셨다.

구 목사님 부부는 현지인 목회자들이 여기에 머무는 동안 속옷까지 모두 빨아서 말려 주시며, 물심양면으로 돌봐 주신다. 이분들의 섬김은 필리핀 사역자들에게 큰 도전이 되며 어떻게 사역해야 할지에 대한 본으로서의 방향성을 제시해 주신다.

　담석 수술을 받은 리키 전도사도 구 목사님 댁에 머물면서 간호를 받게 되었다. 그 다음날 구 목사님을 만났을 때 목사님께서 환자에 대한 이야기를 하셨다.

　"이 분이 어제 밤에 계속 필리핀 공(볼)을 달라고 하는데 왜 필리핀 공(볼)을 찾는지 모르겠어요." 사실 우리도 왜 환자가 필리핀 공(볼)을 찾았는지 의아했다. 목사님 말씀에 의하면 그분은 밤새도록 필리핀 볼을 달라고 외쳤다고 한다. 목사님은 필리핀 공을 주고 싶었지만 없어서 어찌해야 할지 몰라 당황했다고 말씀하셨다.

　그 환자에게 왜 필리핀 공을 찾았는지는 물어 봤을 때 오해가 풀렸다. 환자는 수술한 자리가 매우 고통스러워서 밤새도록 아프다고 말했던 것이다.

　"very painful", 정말 아프다며 베리 페인풀을 계속해서 외쳤는데 필리핀식 영어의 발음이 목사님에게는 필리핀 볼로 들렸던 것이다. 아픈 사람은 계속해서 아프다고 밤새도록 외치고, 목사님은 없는 필리핀 공을 찾으려고 애쓰시며 그 밤을 보냈던 것이다.

산 기도

현지 목사님들이 한국방문을 통해서 가장 도전받는 것 중에 하나가 바로 기도훈련이다. 대구를 방문 했을 때 성서 중부교회에 시무하시는 이 동은 목사님과 함께 현지 목회자들이 주암산 기도원에 올라갔다.

아무런 프로그램도 없이 그냥 밤에 산에 올라가서 밤새도록 기도하는 것이었다. 주암산 사자굴에 가서 기도하기 시작했다. 40일 동안 여기에서 목사님이 금식했다는 설명과 기도의 능력에 대해서 설명을 들은 후 함께 기도하던 현지인 목사님들에게서 놀라운 일들이 생기기 시작했다.

두 시간정도 통성으로 기도했을 때 단 한번도 방언으로 기도하지 않았던 목사님들의 입에서 방언이 터지고 그들의 기도가 폭포수처럼 쏟아져 나온 것이다.

이곳 현지인 목사님들에게 산 기도는 아주 낯 설며 새로운 기도 방법이다. 태어나서 한번도 그렇게 해 본 적도 없으며 그런 기도가 있는 줄도 몰랐던 사람들이 밤에 산에 올라가서 밤새껏 기도한다는 것은 쉬운 일만은 아니었다.

하지만 이미 기도에 깊이 헌신된 한국교회 목사님들의 모습과 부르짖는 그 기도 소리를 들으면서 실질적인 훈련을 받게 되었다.

필리핀 교회는 그리 기도를 많이 하지 않는다. 예배를 드릴 때도 찬양을 주로하며 활동하기를 좋아할 뿐 기도에는 그렇게 열심이지 못한 경우가 빈번하다. 그러나 한국방문을 통해 산 기도를 접하고 난 사역자들의 신앙태도는 완전히 달라지게 되었다.

필리핀으로 돌아간 후 현지 목사님들은 기도의 제단을 만들고 기도원을 짓기도 하였다. 카만딕에서는 지금도 나라와 민족을 위한 구국제단을 쌓고 있으며 기도하는 일에 전 교회가 전심전력하는 놀라운 변화를 보여 주었다.

한국교회 방문기

– 라보로도 리키 전도사 ^{PTI 제 9기 졸업생/ 히볼로 크리스챤 시무}

저는 파나이섬의 중부지역 산골에서 사역하고 있는 목회자입니다. 제가 고등학교 제1학년 때에 서 태원 선교사님의 전도를 통해서 예수님을 나의 구주와 주님으로 영접 했습니다.

그 당시 저의 할아버지와 아버님 등 저희 온 가족이 복음을 전해 듣고 매 주일 하나님께 예배드리며 또한 예배당을 지어 주님께 봉헌 하면서 믿음이 더욱 견고해졌고 그때에 목회자로 부르심을 받고 고등학교 졸업 후 서 태원 선교사가 세운 신학교에 입학하여 주의 종의 길을 가기로 결단하여 선지 학문을 배우게 되었습니다.

신학교를 졸업하면서 교회를 개척하게 되었는데 그 곳이 현재 제가 섬기고 있는 '히볼로 크리스챤 교회' 입니다. 그러나 목회의 경험 부족과 현지교회 사정상 개척 당시 말 할 수 없는 고통과 핍박이 몰려 왔습니다.

도저히 감당할 수 없는 상황에서 서 태원 선교사님의 안내로 목회자 훈련원(PTI)에 등록하여 매 월 마다 영성훈련 프로그램(새벽기도 훈련, 개인 및 축호전도 훈련등)을 통하여 영적으로 성숙하며 성령 충만함 속에서 힘 있고 건강한 주님의 교회를 섬기며 부흥과 성장의 길로 나아가게 되었습니다.

뿐만 아니라 하나님의 은혜와 한국교회의 성원에 힘입어 그 토록 보기 원하였고 교회성장의 모델로 배워 왔던 한국교회를 방문하여 수많은 영적 도전을 받으며 은혜를 체험하고 돌아와서 이제는 비록 우리교회가 재정적으로 자립하지 못하고 매우 어렵고 힘들지만 주님께서 원하시는 선교하는 교회가 되기 위해 전심전력하고 있습니다.

지난 한국교회를 방문하여 목회를 배우고 훈련받으며 체험하였던 그 모든 기억들이 이제 저의 목회현장에 큰 자산이 되었을 뿐만 아니라 사역에 활력소가 되고 있음을 고백하지 않을 수 없습니다.

부족한 제가 보고 느낀 한국 교회들은 참으로 기도하는 교회들이었습니다. 특별히 크고 작은 교회들이 도시나 시골 할 것 없이 모든 교회들이 새벽기도회를 통해 영적 새벽을 깨우고 있었습니다.

그리하여 제가 섬기고 있는 교회에서도 비록 작은 수이지만 저와 아내 그리고 은혜를 사모하는 성도님들이 매일 마다 새벽기도회로 모여서 교회를 비롯하여 나라와 민족, 나아가서 모든 선교사님들을 위해서 기도드리고 있습니다.

또한 한국교회들은 주는 교회들이었습니다. 거의 모든 성도님들이 십일조와 감사헌금 뿐만 아니라 선교헌금에 참여하여 교회를 헌신적으로 섬기는 모습 속에서 큰 도전을 받았습니다.

제가 섬기고 있는 교회에서도 모든 성도님들이 받은 바 주님의 은혜를 따라서 받는 교회에서 주는 교회로 변모하고 있으며, 나아가서 더 많은 지교회를 세워 나가며(아직 교회가 없는 타운과 마을마다) 선교하는 교회가 되어 앞으로 선교사를 도우며 복음전도에 앞장서는 초대 안디옥 교회와 같은 건강하고 힘 있는 교회가 되기 위해 온 성도님들이 마음과 정성을 모으고 있습니다.

현실적으로 너무 힘들고 지친 목회의 길을 주님과 함께 묵묵히 걸어가면서 힘들고 지칠 때마다 항상 제가 한국교회에서 받았던 그 감격과 도전들을 기억하면서 새 힘을 얻고 있음을 주님께 그리고 서 선교님과 한국교회들 앞에 늘 감사를 드립니다.

한국교회 방문 후 생긴 놀라운 변화들

현지 목사님들이 한국교회 방문을 통해 가장 크게 도전을 받는 것은 한국교회 목사님들과 성도님들의 섬김이다. 가는 교회마다 교회건축과 교회를 세우기 위해 아낌없이 물질을 드리는 한국교회 성도들의 모습은 그들에게 큰 도전이 된다.

어느 시골교회를 섬기고 계시는 한 여전도사님은 자신의 장기기증을 통해서 얻게 된 비용을 교회건축에 사용했으며, 자신들의 희생과 열정을 통해서 교회가 세워져 간다는 것을 직접보고 배운 후 사역자들이 필리핀으로 다시 돌아갔을 때 놀라운 변화들이 일어나기 시작했다.

일로일로로 북쪽지역으로 복음화가 2%밖에 되지 않은 아클란 지역에서는 한국교회 성도들의 섬김을 보고하는 목사님의 말씀을 듣고 자신의 땅 3천평을 기증하여 그 위에 교회를 짓게 되었다. 그래서 최근에 아클란 교회 헌당예배를 드리게 되었다.

아띠 부족에서는 자신의 전 재산과도 같은 소를 교회에 바쳐서 교회를 짓게 되었고, 교회 집사님들이 교회를 세우기 위해 보수를 받지 않고 무료로 봉사하여 교회를 건축해 가는 일들도 생겨나게 되었다.

그들이 땅을 내어놓고 소를 팔아서 교회에 내어 놓는 것은 결코 쉽지 않은 일이다. 한국 상황과 달라서 가난과 배고픔이 여전히 있는 필리핀 현지인들이 자신의 모든 것을 내어 놓고 하나님의 교회를 온전히 세워가고자 하는 열정을 갖게 되는 것은 한국교회가 그들에게 준 큰 도전이다.

현지인 중 토니 가나혜 목사님은 한국방문을 통해서 도전받고 김발 교회에서 나오는 주일 헌금중 매주 첫째 주일 헌금을 모두 캄보디아 선교사에게 전달하고 자신은 일주일동안 금식하기로 작정하였다.

그는 선교를 위해서 교회에서 나오는 한 주 헌금을 드리고 먹을 것이 없으면 금식하겠다는 각오로 임했지만 그 후 그의 간증을 통해서 결코 하나님께서 그를 굶게 하시지 않으셨다는 이야기를 듣게 되었다. 그리고 오히려 하나님께서 축복하셔서 지금은 교회재정의 50%를 선교하는 교회로 자리매김하게 되었다.

뿐만 아니라, 자립되지 않더라도 다른 교회를 돕거나 교회를 개척하고 교회를 세우려는 선교지향적인 교회들이 나타나기 시작했다. 교회재정의 10%를 선교를 위해 드리는 교회가 많아졌고 한국에서 선교사를 파송하며 계속해서 선교를 하는 것을 보고 자신들도 선교하기로 결단하고 스스로 선교사를 파송하기 위해 노력할 뿐만 아니라, 자신들의 물질을 드리기에 힘썼다.

파가사 교회의 담임목사는 자신의 사역지를 후배에게 물려주고 민다나오 섬으로 사역하러 들어갔으며, 후임사역자는 끊임없이 그를 후원함으로써 한국교회에서 보게 되는 일종의 분립개척의 형태 모습도 나타나기 시작했다.

이 모든 긍정적인 변화들이 한국교회를 방문하고 난 후에 일어난 일들이다. 여전히 한국교회는 선교에 있어서 희망적이며 많은 용기와 꿈을 주고 있다.

새벽기도가 살아나다

한국을 방문한 사역자들의 교회 중 거의 100%가 새벽기도회를 하는 교회가 되었다. 이전까지 새벽기도회를 하지 않았던 사람들이 있었지만 이제는 민족의 새벽을 깨우며 필리핀의 영적 새벽을 깨우겠다는 각오로 기도에 힘을 얻고 있다. 새벽기도회를 통한 영적 각성이 일어나기 시작한 것이다.

그들은 새벽기도회의 참석 성도들을 교회 성도들의 십일조로 여기며 교회 성도들의 십일조가 새벽에 나와서 기도해야 한다며 모두 열심히 기도하기 시작했다. 그리고 예배가 끝난 후 동네 청소와 지역주변의 환경을 정리해 주는 일들을 교회가 하게 되면서 교회가 지역으로부터 좋은 소문을 듣게 되었다.

성도들이 새벽부터 일해서 부지런해졌고 이런 모습은 지역에서 긍정적인 영향을 미쳤고, 교회가 부흥하는데 영향을 미치게 되었다.

어떤 교회에서는 새벽 기도회 때 기도를 통해서 병이 치료되는 기적이 일어나기도 했다. 새벽에 기도하면 하나님의 응답이 더욱 더 많다는 것을 그들의 삶을 통해서 알게 된 것이다.

칼라파란 교회의 한 형제는 폐암이 심해서 잠도 재대로 자지 못하며 고통스럽게 생활하고 있었다. 그러던 형제가 새벽기도회에 출석하면서 계속 기도생활을 하다가 폐암이 모두 치료되는 기적이 나타났다. 형제의 치료 소식은 새벽기도회에 더욱 더 많이 모이는 결과를 가져오게 되었다.

목회자들이 모이면 새벽기도회로 인해서 많은 응답이 일어나고 있다는 간증을 심심치 않게 듣게 된다. 교회에 키보드가 필요해서 새벽에 기도했는데 주일이 지나서 그 헌금이 들어오게 되었다는 이야기 등 크고 작은 기도에 얽힌 간증들이 나오게 되었다.

일로일로 시내 교회들은 한국교회의 네온사인 십자가를 보고 와서 교회에 세우기 시작했다. 그래서 군데 군데 전기가 들어오는 지역에는 한국의 네온사인 십자가를 볼 수 있게 되었다.

뿐만 아니라, 과거에는 다른 직업을 가지고 목회를 하는 사역자들이 많았지만 한국 방문이후 힘들거나 어려워도 오직 한길 복음을 전하며 목양하는 일에 전심전력하기로 결심하고 그렇게 행하는 사역자들이 많아진 것이다. 한국교회의 성장과 부흥의 모습은 이들 사역자들에게 그대로 남게 되었다.

새벽에 만나는 사람들

새벽예배를 마치고 나오면 늘 현지인 목사님들이 몇 분씩 나를 만나기 위해 기다리고 있다.

"목사님, 이런 이른 시간에 어쩐 일이십니까?" 늘 일상처럼 반복되기에 왜 왔는지 알지만 그래도 안부를 전한다. 그러면 현지인 목사님들은 병원에 갔던 일, 가족들과 교회의 일 등 여러 이야기를 한다. 그리고 한참 후에 집에 쌀이 떨어졌다는 이야기를 조그마하게 한다.

나의 마음속의 아픔은 교회를 개척하면서 이제까지 겪은 많은 어려움들보다도 가난이 무엇인지 어린시절 처참하게 경험했기 때문에 현지 목사님들의 생활의 어려움에 대한 아픔이 크다.

"여러 번 여행에 강의 위험과 강도의 위험과 동족의 위험과 이방인의 위험과 시내의 위험과 광야의 위험과 바다의 위험과 거짓 형제 중의 위험을 당하고 또 수고하며 애쓰고 여러 번 자지 못하고 주리며 목마르고 여러 번 굶고 춥고 헐벗었노라 이 외의 일은 고사하고 오히려 날마다 내 속에 눌리는 일이 있으니 곧 모든 교회를 위하여 염려하는 것이라(고후 11: 26-29)"

15년동안 선교사역을 하면서 바울만큼은 안 되더라도 성경에서 그가 표현한 위험들을 많이 겪었다. 그러나 이러한 것들은 모두 지나가지만 여전히 나의 마음에 부담으로 남는 것은 건축한 교회들의 자립과 사역하시는 목사님들의 생활고가 가장 큰 고통으로 다가온다. 한국교회들이 교회 건축 못지않게 이들이 자립할 수 있을 때까지 돌봐주는 일은 절대적으로 중요한 일이다.

새벽에 나를 찾아온 목사님들에게 항상 조금씩이라도 손에 돈을 쥐어준다. 나의 가정을 돌보지 못하게 되더라도 그들의 배고픔을 외면하진 않는다. 자신의 어려움을 돌보지 않고 모든 것을 선교지로 보내어 하나님 나라 확장에 헌신하신 귀한 분들을 생각한다면 선교사가 그들을 위해 드리는 것은 아무것도 아니다.

현지 목회자들 사이에는 배고프면 서 태원 선교사를 찾아가라는 말이 공용어처럼 통용되고 있다. 오늘도 새벽예배가 끝나면 그들 중 몇 몇은 나와 면담하기 위해 예배당 앞에서 기다리고 있다. 교회가 세워지고 개척되어갈수록 가난과 싸워가야 할 현지 사역자들은 더 늘어나게 될 것이다. 하나님께서는 이들의 귀한 삶을 돌아보시며 적절한 은혜의 손길들을 베푸셔서 단 한 교회라도 뒤로 물러서지 않고 하나님 나라 확장을 위해 전진해 가길 간절히 기도드린다.

나를 떠났던 동역자들

가끔은 선교지에 오신 단기 선교사님들 중에서 우리와 함께 일하는 현지 동역자들에게 더 많은 선교비 후원을 약속하고 데리고 가는 경우가 발생한다.

단기선교로 혹은 선교지 방문으로 와서 이 지역에서 사역하기 위해서 자리를 잡고 혹은 개척된 교회를 중심으로 자신의 선교지를 삼으려는 분들이 간혹 있다. 그래서 함께 일하던 목회자 훈련원 동역자들 중에 적지 않은 수의 목회자들이 한국에서 오신 선교사님들을 따라 함께 사역하겠다고 나를 떠났다.

기쁜 마음으로 동역하고 협력할 수 있는 방안을 찾으면 좋겠지만 이미 선교가 시작되고 한참 진행되는 곳에 와서 정착하려고 시도를 하다보니 적잖은 어려움이 발생하게 된다. 그러한 와중에서 더 많은 선교비 지원을 약속받고 그들을 따라 갔다가 돌아온 동역자들이 나타나게 된 것이다.

15년이 지나면서 그러한 많은 사례들이 실패로 돌아가고 지속적인 선교지원이나 후원 혹은 사역이 이뤄지지 않는 것들을 여러 번 경험한 현지 목회자들이기에 요즘은 그러한 일들이 덜 일어나긴 하지만 이러한 일들이 발생하는 순간, 순간 선교사의 가슴은 무너지는 듯하다.

어느 날 갑자기 세워둔 교회에 사역자가 예배를 드리지 않고 사라진 경우나, 나에게 그 어떤 한마디의 상의도 하지 않고 더 많은 선교비 지원이라는 이유 때문에 떠났던 현지 동역자들, 그들이 떠난 순간부터 다시 돌아와 협력하는 순간까지의 긴 시간들은 참으로 힘들고 고통스러운 시간들이었다. 우리는 그들을 위해 기도하고 또 기도해야만 했다.

우리의 신뢰는 날마다 시험을 당하고 있다

사람들에게 가장 중요한 것은 신뢰이다. 믿음이 있을 때 무엇이든지 가능하지만 신뢰가 무너지면 그 어떤 일을 하려고해도 되지 않는다. 우리뿐만 아니라, 한국에서 파송된 많은 선교사들의 신뢰가 날마다 시험당하고 있다.

현지를 방문한 한국교회 성도님들이나 목회자들 가운데 책임지지 못할 약속들을 현지인들에게 하고 가는 경우가 많다. 이럴 경우, 현지인들은 그들이 약속한 후원금을 중간에서 선교사가 가로챘다고 생각하며 오해하기도 한다.

한번은 한국에서 가방에 옷을 넣어서 현지인에게 보내졌다. 그런데 가방이 조금 찢어져 있었다. 현지인들은 가방 안에 돈이 들어 있었을 것이며, 이 돈을 선교사가 뺏을 것이라는 의혹을 제기하게 되어 한동안 어려움이 발생했다. 결국 한국에서 옷을 보내신 분과 통화를 하게 하고 그 속에 돈이 없으며, 옷만 보냈다는 사실이 확인

되고 나서야 진정되기도 했다. 대부분 선교사의 신뢰를 흔드는 것은 물질과 연관되어 있다. 교회를 건축하기 위해 한국교회의 협조를 구하기도하고, 현지 목회자들의 생계와 필요를 위해 한국교회의 도움을 받다 보니 의례 선교사는 돈이 많을 것이라거나, 단기 사역으로 다녀간 분들 중에 부정적인 견해들을 통해 선교사와 파송교회간의 불화를 만들기도 하며, 앞서 언급한 것처럼 현지를 방문한 사람들 중에 책임질 수 없는 발언들로 인해 현지 사역자간의 신뢰가 금이 가기도 한다.

지난 15년 동안 참으로 많은 현지 사역자들이 내 곁을 떠났다가 다시 돌아왔다. 모두가 물질과 연관되어 있었다. 사단은 오늘도 여전히 선교사와 현지인 그리고 한국교회와 선교사간의 후원과 물질 문제로 사이를 갈라놓거나 작은 오해를 확대하는 일들을 계속하고 있다. 이미 우리는 오랫 동안 사역하면서 겪을 갈등은 거의 다 겪어 동일한 문제가 발생하더라도 그리 어렵지 않게 해결되어가고 있다.

하지만 선교지로 파송된 지 얼마 되지 않은 선교사들에게 이러한 일들이 발생한다면 그들이 사역을 하는데 큰 장애가 될 것이다. 신뢰하지 않는다면 파송하지 말아야 하며, 파송했으면 선교사를 믿어야 한다. 그들에게 있어서 신뢰는 생명이며, 복음을 전파하는 일에 가장 큰 원동력이 되기 때문이다.

선교지 방문시 유의사항

단기 사역자들이 선교지를 방문할 때 선교사역과 선교사 그리고 교회 전체가 유익한 선교활동을 할 수 있도록 다음과 같이 정리해보았다.

● 선교지 방문목적을 분명하게 해야 한다.

어느 선교지나 관광지가 있으며, 선교현장을 시찰하는 목적으로 온다고 해도 지역의 상황과 문화를 이해하기 위해 한, 두 군데의 관광지를 다닐 수도 있다.

그러나 선교에 대한 관심보다 관광지에 관심을 가지고 올 경우, 선교지에 있어야 할 선교사들이 관광지에서 시간을 보내며 지나치게 에너지와 정력을 낭비하게 된다.선교지를 방문하는 분들은 방문목적을 더욱더 분명하게 하고 관광으로 인한 선교사들의 사역을 위축시키지 말아야 한다.

● 여행일정을 미리 선교사에게 알려야 한다.

최소한 한 달 전에는 확실한 여행일정 및 인원과 예산을 알려주어야 한다. 특히 짧은 일정동안에 여러 지역을 방문할 경우, 교통편을 미리 예약해야 하기 때문이다. 관광 성수기에는 예약이 더욱더 절실히 요구되므로 원활한 사역을 위해서 사역일정과 집회일정을 미리 현지 선교사에게 알려 줘야 한다.

● 현지인들에 대해 예의를 갖춰야 한다.

선교지의 문화나 풍습, 음식은 우리와 많이 다르다. 따라서 선교지의 형편을 잘 이해하고 실례가 되지 않도록 신경을 써야 한다. 인사법에 대해서 시비하거나 음식을 대할 때 기분 나쁜 표정을 지어 현지인들을 실망시키지 말아야 한다. 그리고 그들이 알아듣지 못한다고 함부로 말해서도 안 된다. 비록 언어는 통하지 않을지라도 얼굴 표정이나 음성의 높낮이를 통해서 짐작할 수 있다. 그러므로 현지인들에게 예의를 갖추고 그들로부터 배우려는 겸손한 자세를 가져야 한다.

● 선교사와 상의 없이 현지인에게 현금, 선물 주는 것을 삼가 한다.

선교지에는 선교사들이 있고 선교의 조직들이 있다. 가능하면 이러한 질서를 따라서 선교사를 중심으로 도와주는 것이 좋다. 현지인들이나 현지 교역자들에게 주어지는 현금 등으로 인해 선교사와 한국교회 사이의 오해가 발생하거나 서로의 신뢰에 금이 가거나 관계의 어려움을 발생시키는 경우도 빈번하다. 선교사를 돕고 선교를 효율적으로 하려면 질서를 존중해서 지급하는 것이 좋다.

● 무책임한 재정적인 지원을 약속하지 말아야 한다.

선교지에 방문하여 즉흥적으로 무책임한 재정지원을 약속 하는 분들이 있다. 그러나 고국에 돌아가서 약속을 이행하지 않게 될 때 선교사들은 현지인들에게 심한 오해를 사며, 여러 가지 고통을 겪게 된다. 또한 재정지원만이 선교라는 그릇된 생각을 현지인들에게 심어 줄 우려도 있으므로 계획적이고 실천 가능한 지원을 해야 한다.

● 선교를 금하는 나라에선 선교사의 신분을 노출시키지 말아야 한다.

선교지가 공산권이나 회교권일 경우, 선교사의 이름이나 주소를 밝히지 않아야 한다. 특히, 회교권은 복음선교를 심하게 막고 있으며, 세계 각 지역에 정보원을 두어 선교사를 색출하여 핍박을 하곤 한다. 그러므로 선교지 방문 시 해당 선교부를 통해 선교지에 대한 기본적인 지식을 알고 갈 필요가 있다.

● 타 선교사나 타 선교부에 대한 비판을 삼가야 한다.

한 선교지에 여러 선교부의 선교사들이 각자의 정책과 받은 은사대로 사업을 위해 수고하고 있다. 따라서 어느 선교부 만이 유일하고 최선이라고 말할 수 없다. 그럼에도 불구하고 타 선교부의 정책이나 활동에 대해 함부로 평가하거나 비판함으로서 선교부와 현지 선교사 간의 갈등을 불려 일으키는 결과를 초래할 수 있다. 선교사들이 서로 협력하여 사역할 수 있도록 최대한 배려해야 한다.

● 선교사가 접대한 비용과 선교헌금은 구별해야 한다.

선교지 방문 시 드는 비용을 편의상 선교사가 선 지불하는 경우가 많다. 그런데 가끔 들어간 비용에 대해서는 묻지 않고 적당히 헌금하는 식으로 얼마를 주고 가는 것은 실질적으로 선교사 생활비로 차액을 부담케 하는 폐를 끼치는 경우도 있다.

● 쇼핑을 할 경우 선교사에게 흥정을 강요하지 말아야 한다.

선교지에서는 지나친 쇼핑을 삼가는 것이 좋고, 혹, 기념품 등을 구입할 경우 선교사에게 무리한 흥정을 요구하지 말아야 한다. 통역의 도움을 받는 것 이상의 무리한 요구를 할 경우 선교사의 이미지가 심하게 훼손되며 선교에 어려움을 초래하기도 한다.

● 현지를 다녀온 후 부정적인 말을 삼가야 한다.

선교지 방문은 선교를 돕는다는 자세로 임해야 하며, 현지 선교지의 긍정적인 면들을 나타내 주어야 한다. 단 시일 내의 여행을 통해서 전부를 파악한 것처럼 비판하거나 현지 사정에 맞지 않는 자기 의견을 주장하여 현지 선교사의 사기를 저하시키는 경우가 있다. 그런 분들로 인해 선교의 문이 막히는 경우가 많다. 선교사를 선정, 훈련시키는 일이나 정책을 결정하고 재정을 사용하는 일은 선교부가 할 일이며 사역은 현지의 선교사들에게 맡기고 후원자는 후원으로서만 선교사역에 동참해야한다.

 # 현지인들이 선교사들에게 원하는 것들

- 수행해야 할 사역들을 진행할 때 여러분들의 머리에서 한국 생각을 지우기 바랍니다.

- 미개한 사람들과 일하기 위해서 선교지에 왔다고 생각하지 마십시오.

- 과다한 이론을 가르치지 마시고 여러분의 가르침을 여러분의 생활 가운데서 실천하십시오. 진리의 모범된 모습을 보여 주면서 그 진리가 실제 삶 가운데 어떻게 일하는지 보여 주십시오.

- 해당 선교지의 국가에 관한 글을 읽으십시오, 우리 나라의 최고의 저자가 누구인지 알아보십시오.

- 교회에서 뿐 아니라 여러분의 사회생활 가운데 사람들과 더 많이 접촉하시기 바랍니다.

- 우리보다 너무 높거나 너무 낮은 수준이 아닌 적당한 수준에서 살기 바랍니다. 생활양식을 사역의 대상자들과 맞추십시오.

- 한국어를 모르는 사람이 있을 때는 한국어로 말하지 마세요. 이러한 일은 무례한 것이고 여러분이 우리들에 대하여 말하고 있다고 우리가 의심 할 수 있습니다.

- 한국 관습을 우리에게 강요하거나 우리의 관습을 무시하지 마십시오. 우리들을 한국사람으로 만들려고 하지 마십시오.

- 문맹퇴치, 구제, 개발사업이든 우리의 사회적 필요를 충족하기 위한 일을 해 주십시오.

- 여러분이 우리보다 우월하다고 생각하지 마십시오. 적은 양이라도 교만은 감지할 수 있습니다. 여러분은 겸손히 섬기기 위해서 왔습니다. 문화를 비교하여 여러분의 문화가 더 낫다고 증명하는 일은 하지 않는 것이 좋습니다.

- 여러분의 나라에서 그런 것처럼 사람들에게 사랑을 보여주십시오. 그리고 우리가 어떻게 사랑을 베푸는지 배우십시오.

- 우리의 언어를 잘 배우십시오. 우리의 금언과 속담, 젊은이들의 속어, 가정법, 지역어와 국어의 강세 등을 배우십시오.

- 우리의 언어를 잘 배워서 이상한 말투로 말하지 마십시오.

- 우리의 국가적 영웅에 관한 글을 읽으십시오.

- 우리의 제안을 기꺼이 받아들이십시오. 그것이 상처가 될 지 모르나 우리들은 돕기를 원합니다. 그 제안들을 겸손히 받아들여야 합니다. 잠27:6,17절의 의미를 배우십시오.

- 여러분이 우리들에게 어떻게 말하는지 주의하십시오. 목소리의 어조와 언어 선택에 우리는 매우 민감합니다. 우리는 민감한 사람입니다.

- 여러분이 우리와 관계를 맺을 때는 더욱 외교적 수완을 발휘 하십시오. 여러분이 평소에 인사하는 것처럼 우리에게 인사 하지 마십시오. 여러분은 너무 차갑고 서먹서먹한 것 같습니다. 우리의 식구들과 개인적 삶에 관하여 물어보십시오.

- 사랑에 관하여 말하지 마시고 실제로 사랑하십시오. 그저 사랑을 보여주십시오.

- 우리 가운데 제자를 삼으시고 인간미 있고 재생산이 가능한 유산을 남기시기 바랍니다.

- 우리의 음식을 먹으시고 좋아하십시오. 우리 또한 여러분의 가정에서 무엇을 먹는지 알기를 원합니다.

- 우리의 스타일과 직물을 사용한 우리 옷 입는 법을 배우십시오.

- 시간에 관하여 더욱 유연성 있게 대처하십시오. 서두르지 마십시오. 왜 시계를 쳐다보며 항상 서두릅니까?
- 민속 음악이든 고전 음악이든 우리의 음악과 악기를 배우시고 감상 하십시오.

5
고구마 생 쥬스 ?

고구마도 팝니까?

"선교지에 다녀간 사람들이 까페를 만들었습니다. 거기서 모임도 하고, 선교비도 후원도 하고 그럽니다. 까페 이름이 고구마 생 쥬스입니다"라며 다음(Daum)에 있는 까페를 보여 주었다. 한국단기사역자(우 상호 집사님을 비롯한 많은 동역자)들이 현지를 방문해서 사역을 할 경우 그레이트 비전교회를 중심으로 해서 사역을 진행하게 된다. 그래서 그들이 한국에 돌아온 후에도 그레이트 비전교회와 계속해서 교류하고 기도하며 선교의 소식들을 전하고 있다.

내 이야기를 가만히 듣고 있던 오 대희 목사님이 말했다. "그 까페를 통해서 선교비는 얼마나 들어옵니까?" 그리고 한참을 생각하던 오 목사님은. "고구마를 팔아서 그렇게 선교하니까 참 귀하네요. 그런데 누가 필리핀 고구마를 한국에 팔아줍니까? 중간 비즈니스는 누가합니까? 고구마로 쥬스도 만드는 모양이지요? 참 귀한 일들을 하시네요"라며 여러 가지 질문들을 했다. 한동안 이야기를 주고받으면서도 서로가 뭔가를 잘못 이해하고 다른 이야기를 하고 있는 듯한 느낌을 받았다.

"아, 목사님, 고구마는 그게 아닙니다. 일롱고어로 고구마는 사랑이라는 뜻이고요. 생은 조사이고 죠스는 하나님이란 뜻입니다. 그래서 고구마 생 죠스를 고구마 생 쥬스라고 부르는데 하나님의 사랑이란 뜻입니다. 그 사이트는 하나님의 사랑 안에서 계속 교제하며 선교하자는 사이트입니다. 거기서 고구마는 안 팔아요." 그러자 오 목사님은 조금 멋쩍어 했고 우리 둘은 한참을 웃었다.

오 목사님은 선교지에 여러 번 방문해서 신학교 학생들이 먹을 것이 없고 가난 때문에 힘이 들어 고구마를 직접 농사지어 그것을 캐어 먹으면서 살아가고 있다는 것을 알고 계셨다. 그래서 내가 현장에 다녀간 분들이 만나는 인터넷 까페를 이야기했을 때 신학생들이 이분들에게 고구마를 팔아서 후원금을 마련하고 있는 줄로 아셨던 것이다.

도심을 향한 선교

우리의 사역에 있어서 교회개척과 지도자 훈련, 신학교 사역과 더불어 중요한 축을 이루고 있는 사역은 그레이트 비전교회를 중심으로 한 도심선교이다. 처음 목회자훈련원 사역을 산 미가엘 교회에서 시작하였으나 도심과 거리가 떨어진 외곽에 위치하고 있어 도심선교를 위한 교두보 마련이 필요한 시점에 비전교회를 개척, 설립하게 되었다.

도심 중앙에 비전교회를 세워 도심을 향한 사역을 진행할 수 있게 된 것은 부천 참좋은교회 김 원교 목사님의 도움이 컸다. 김 원교 목사님은 부천 참좋은교회의 담임목사님으로써 선교지의 그레이트 비전교회 시작 때부터 현재 까지 영적인 모교회와 지교회의 관계 속에서 서로 기도하며 물질로 성원해 주셨을 뿐만 아니라 교회당 건축, 특히 교육관(크리스챤 아카데미)및 목회자 사택과 선교관을 지어 봉헌하여 주셨다.

목회자 훈련원(PTI)과 아가페 신학교에서도 강의로 선교사역에 동참해 주셨다. 필자는 이 자리를 빌어 GVC를 그 토록 사랑하여 주시고 성원해 주시는 부천 참좋은교회 장로님들과 온 성도님들의 귀하고 아름다운 선교 동역에 깊은 감사의 인사를 드린다.

그레이트 비전교회의 설립으로 인해서 목회자 훈련원의 행정 사무실을 산 미가엘교회에서 비전교회로 옮길 수 있게 되었다. 목회자

훈련원 사무실을 비전교회 안에 둠으로 훈련을 받으러 모이는 목회자들이 교통의 편의와 숙소에 대한 많은 부분이 개선되어 목회자훈련원 사역에도 큰 도움이 되었다.

뿐만 아니라 그레이트 비전교회를 중심으로 도심선교를 시작하였는데 유치원과 초등학교를 중심으로 한 교육사업, 지역 내에 있는 교도소의 정기적인 방문과 집회를 통한 복음전도, 그리고 대학가와 고등학교등 캠퍼스 사역을 진행하고 있다.

특히 그레이트 비전교회는 단기선교사들이 한국에서 들어올 경우 이들과 함께 사역을 펼치는 중요한 역할을 담당하고 있다.

비전교회를 중심으로 이뤄지는 사역은 유치원과 초등학교를 중심으로 한 교육을 통한 복음전파, 7개의 종합대학과 고등학교 학생들을 위한 캠퍼스 사역, 그리고 지역에 있는 교도소 방문사역을 진행하고 있다.

아이들의 가슴속에 예수 그리스도를

교회가 유치원과 어린이 교육사업에 힘을 쏟아 미래의 그리스도의 일꾼들을 만들어내는데 힘을 쏟아야 한다는 생각에 비전교회 옆에 부천참좋은교회와 평화교회(최 종인 목사님)의 후원으로 건축된 아카데미 빌딩을 활용하여 유치원과 초등학교를 설립하게 되었다. 비전교회뿐만 아니라, 함께 개척한 많은 교회에 동일한 사역들을 하도록 협력하고 지도하여 교회가 어린이 사역을 통한 교육사업에 집중적으로 일을 하게 되었다. 이로 인해 교회는 지역사회 봉사뿐만 아니라 어린이 선교라는 커다란 두 가지 목표를 이룰 수 있게 되었다. 교회를 중심으로 유치원을 운영하는 형태는 한국교회의 선교원 형태의 모습을 그대로 선교지에 옮긴 것이다.

비전교회 옆으로 유치원과 정부인가를 받은 초등학교 건물이 지어졌다. 대구 원일교회에서 지원받아 만들어진 원일 크리스찬 아카데미에는 현재 네분의 선생님을 두고 네개반이 운영되고 있다. 교육사업은 사역에 있어서 규모나 완성도면에서 초기 단계의 모습을 띠고 있지만 이 사역의 중요성은 결코 간과 하지 않고 있다. 앞으로 다음세대가 계속해서 복음을 전파해가며 이 지역의 복음화와 세계선교를 만들어 갈 수 있을지

에 대한 여부가 바로 이 어린이 사역을 통해서 이뤄지기 때문이다.

교회를 개척할 때 가능한 유치원을 병행하여 세우고 있으며, 협력 개척 때도 역시 유치원을 설립할 수 있도록 돕는다. 이 지역에는 학비가 없어서 학교에 다니지 못하는 아이들이 많다.

한국 선교초창기에도 선교사들이 교육사업에 힘을 쏟아 문맹이 퇴치되고 이로 인해 많은 사람들의 영혼과 삶에 질적인 변화가 일어난 예가 있듯이 이곳에서도 가난하여 공부하지 못하는 아이들에게 교회가 힘써 복음을 전할 뿐 아니라 교육을 하는 일에 힘을 쏟고 있다.

대구 원일교회는 어린이 교육사역에 비전을 갖고 관심과 많은 지원을 통해서 가난한 아이들이 공부할 수 있는 길을 마련해 주었다. 비전교회 옆 유치원뿐만 아니라 일로일로 시내에서 찌프니를 타

고 네시간정도 달리면 나오는 해변가 가난한 마을에도 유치원을 설립하게 되었다. 원일 카레스 교회가 개척될 때 유치원과 초등학교를 세워 현재 60여명의 아이들이 교육을 받고 있다.

복음이 지역에서 효과적으로 전파되며 계속해서 기독교 문화권을 가지고 살아가게 하기 위해서라도 한국교회는 교육사업을 통한 선교에도 깊은 관심을 가져야 한다. 교회를 건축하고 숫자가 늘어나는 가시적인 선교사역은 교회의 관심을 끌기에 충분하지만 자라는 아이들에게 교육을 통한 복음을 전하는 선교는 그리 많은 관심을 받지 못하는 것이 현실이다. 교회들이 선교정책을 결정할 때 전체적인 면들을 고려해서 단기적인 관점보다는 중장기적인 사역들에도 관심을 가져야 한다.

현재, 목회자 훈련원 출신 교회 목사님들이 운영하고 있는 유치원은 120개 정도가 되며 네개의 초등학교가 운영되고 있다. 무디는 어린이들을 전도하는 것이 온 사람을 전도하는 것이며 어른을 전도

하는 것은 반 사람을 전도하는 것이라고 했다. 일반적인 사람들은 어른이 온 사람이며 어린이가 반 사람이라고 생각하지만 무디는 그 반대로 생각했다. 예수님을 믿은 다음 하나님께 충성하고 복음전달 자로서의 사명을 갖고 살아갈 날이 어른은 반 밖에 남지 않았고, 어린이들에게는 충분히 남아 있다고 해서 그렇게 불렀다고 한다. 120여개의 유치원과 초등학교에서 미래의 이 지역 복음화와 세계선교를 이뤄갈 꿈이 지라고 있으며 미래의 선교사들이 자라나고 있다.

캠퍼스 사역

이곳에 도착한 사역 초창기부터 젊은이들을 세우며 젊은이들을 양육해 가야할 필요성과 중요성들을 느꼈다. 그래서 목회자 훈련원에 재학 중인 목회자들의 추천을 받은 12명의 학생들에게 장학금을 지급하면서 훈련을 시켜 갔다. 그리고 이들을 중심으로 캠퍼스 복음전도를 위해 CMC(Campus Ministy for Christ)를 조직하여 사영리와 개인전도의 훈련을 시켜 캠퍼스 복음화를 시작하였다.

뿐만 아니라 병원을 정기적으로 방문하여 전도하는 일들도 하게 되었다. 이들은 학교를 돌면서 개인 전도를 하고 복음을 영접한 학생들을 다시 양육하도록 하였으며, 한국 대학가에 있는 선교단체와 같은 역할들로 복음을 전하기 시작했다.

복음전파는 개인적인 일대일 전도와 양육을 통해서도 이뤄졌지만 대중 집회를 통해서도 복음을 전할 수 있는 길들이 열려 두 가지의 방법을 모두 활용하게 되었다. 캠퍼스 사역이 활기를 띠게 된 것은 라모스 정부 때 교목증을 받게 되면서였다. 교목증을 가지고 있으면 일로일로의 모든 학교에 자유롭게 들어가서 복음을 전할 수 있으며 도덕 윤리과목도 가르칠 수 있다.

라모스 대통령은 이 제도를 후임 대통령들이 없애지 못하도록 전통으로 만들어 버렸다. 개신교인인 라모스 대통령은 선교를 위해서 큰 업적을 남긴 것이다. 교목위원이 됨으로서 학교장들과의 친분은 물론이며 캠퍼스 내의 대중 전도 집회도 할 수 있게 되어 많은 교회들이 대중 집회를 통한 복음전도를 실시하였다.

단기선교로 자주 방문한 시온교회의 대학부는 천지창조 드리마를 통해서 르보발렌시안 국립 고등학교에서 2천명의 학생들을 모아두고 집회를 했으며 파나이섬 안에 있는 카파투안 국립고등학교에서는 4천명의 학생들이 모인 곳에서 대중 전도 집회를 하게 되었다.

대중전도 집회를 진행할 때 대부분의 학생들은 복음에 대해서 귀를 기우리며 절반의 학생들이 회심을 하며 회심한 자들은 지역 목회자들과 연결되어 계속해서 양육을 권고 받게 된다.

분당중앙교회 청년회에서는 귀마라스 섬 전체의 복음화를 위해서 기도하며 지속적인 방문을 통해 복음을 전하며 분당선교센터를 건립하고 있다.

이 지역들에서 전교생을 다 모아 놓고 대중 전도집회를 하는 것이 가능하게 한 것은 교목증 외에도 하나님의 특별하신 도우심이 있었다. 당시 학교에 교장 선생님이 유고인 상태여서 교감선생님이 업무를 대행하고 있었는데 이 교감선생님이 독실한 기독교인이었다. 교감선생님은 교장이 유고인 상태에서 대중전도 집회를 할 수 있도록 해 주었다.

예수님의 마음을 가진 지도자가 배출된다는 것이 얼마나 중요한지 절감한 대목이다. 큰 딸 지혜는 일로일로 지역학교에 다니면서 전도를 많이 했다. 그래서 전도하는 아이라는 별명도 갖게 되었다.

전도하는 아이
- 지혜의 간증

막상 전도에 관해서 생각해 보니까 그렇게 많이 전도를 했던가에 대한 생각도 듭니다. 아무튼 고등학교 3학년 때는 다른 어느 때보다 복음전도에 열심을 내었습니다. 혼자 점심시간에 전도지를 돌리기도 했지만, 교회 청년들과 함께 성당 앞에서와 공원에서 전도도 했습니다.

특별한 마음 때문에 전도한 것은 아니었고, 이들을 사랑하는 마음과 이들도 함께 천국가야 한다는 생각에 전도를 하게 되었습니다. 학교 안에서 점심시간과 방과 후에 전도를 할 때는 4영리를 전하고 사람들의 이름과 주소를 받기도 했습니다. 전도하면서 제가 느낀 것은 필리핀에 있는 천주교가 얼마나 잘못된 이단종교인가 하는 것이었습니다.

"예수님이 누군지 아세요?"라고 물으면 대부분의 사람들은 안다고 대답합니다. 그러면 다시 묻습니다. "만일, 당시이 한 시간 후에

죽는다면 당신의 영혼은 어디에 있을지 아세요?"라고 물으면 그들은 모른다고 대답합니다. 열심히 성당을 다닌 분들도 자신의 구원에 대해서 알지 못했고 자신이 죽은 후에 어디에 갈지에 대해서도 모르고 있었습니다. 착한 일을 많이 하면 천국 간다고 믿는 사람도 있었습니다. "난, 착한 일을 많이 못해서……. 그렇지만 나는 천국에 가면 좋겠는데"라고 말합니다. 그때마다 마음이 참 안타까웠습니다.

성경은 "너희가 그 은혜를 인하여 믿음으로 말미암아 구원을 얻었나니 이것이 너희에게서 난 것이 아니요 하나님의 선물이라. 행위에서 난 것이 아니니 이는 누구든지 자랑치 못하게 함이니라(에베소서 2장 8-9절)"라고 분명하게 말씀하고 있는데 그들은 알지 못합

니다.

복음의 확신이 없는 천주교는 이단이며 구원의 확신 없이 죽으면 지옥에 갈 수 밖에 없는 이 수많은 불쌍한 영혼들을 볼 때마다 이들을 위해 기도하고 하나님께 더 많은 일꾼들을 보내달라고 간절히 기도합니다.

필리핀 사람들은 대체적으로 참 순수하고 복음에 대하여서 굉장히 열려 있습니다. 그래서 집을 방문하고 친근감을 쌓은 다음 "성경 공부를 하고 싶으세요?"라고 물으면 적극적으로 하고 싶다고 대답합니다. 사람들은 하나님에 대한 갈망이 너무도 간절합니다. 그리고 교회 성도가 되면 뜨겁게 열심히 주님을 섬깁니다. 현지 사람들은 춤과 노래를 아주 좋아하며 특히 악기를 잘 다룹니다.

하루 하루 전도지를 들고 만나는 이 사람들이 예수님을 바르게 믿어 후일 자기 민족 구원을 위해 헌신하며, 더 나가 세계선교를 향해 복음을 전할 수 있는 사람으로 자라가길 기도합니다.

캠퍼스에서 만난 청년

– 윌슨 안디온 목사 아가페 크리스챤 교회 담임목사 / 아가페 신학대학 부학장

샬롬! 제가 서 태원 목사님을 약 12전에 만났을 때 전 18살의 젊은 나이였습니다. 목사님은 그 때 필리핀 마닐라 지역에서 8개월의 선교사 훈련을 갓 마치셨습니다. 전 그분을 처음 만나면서 선교지에서 그의 제자가 되는 특권을 가졌습니다.

서 목사님은 저의 사역적 원리와 철학에 많은 영향력을 미쳤고 사역에 있어서는 저의 스승이 되셨습니다. 저는 필리핀에서의 그의 "디모데"가 되었습니다. 제가 청년 지도자에서 청년 사역자, 그리고 교회 사역자에서부터 안수된 사역자가 되기까지 주님의 사역에 대한 말과 삶과 헌신에서 서 선교사님께 크게 영향을 받고 교육 받았습니다.

그와 함께 일하면서 협력선교와 팀사역의 원리와 필요성을 절감하게 되었습니다. 선교사님은 필리핀 파나이 섬에 오셔서 대학생 선교사역(Campus Ministy for Christ)을 조직하였으며 저는 그분과 함께 이 사역을 담당하게 되었습니다.

CMC를 통하여 우리는 복음을 들고 캠퍼스를 누비며 집집마다 심방을 하고, 가까운 마을 사람들에게 전도를 하여 교회를 세우기 시작했습니다. 그때 세워진 그레이트 비전교회는 일로일로 도시에서 제일 큰 교회 중 하나가 되었으며 목회자훈련원 사역에도 중요한 거점이 되었습니다. 함께 사역하면서 저는 한 차원 높은 헌신으로 나가게 되었고 선교사님의 조언을 통해 신학공부를 하게 되어 사역자의 길로 들어서게 되었습니다.

저는 서 태원 선교사님과 함께 1993년에서 1996년의 기간 동안 또 다른 두 개의 교회를 개척했습니다. 1993년에 서 태원 선교사님은 VMF(Visayas Ministy Fellowship)의 이름인 비사야스 사역자들 단체를 설립하셨습니다. 뒤에 이 이름은 ACIMI(Agape Christian International Ministries)아가페 국제선교회로 바뀌었습니다. 그리고 그는 저를 이 협회의 총무로 지명하셨습니다.

1997년에는 귀마라스 섬에 또 다른 교회를 개척하게 되었고, 이 교회에서 아가페 국제신학교가 시작되었습니다. 귀마라스 섬에 있는 개발되지 않은 황무지와 같은 1헥타르의 땅에 조그마한 니파(야자수 나무 잎으로 엮은)집과 35평의 예배당이 세워졌습니다.

주님은 더 많은 선교 동역자들을 한국에서부터 보내주셨고 필리핀의 다른 지역에서도 더욱 많은 학생들을 보내 주심으로 이 일을 축복하셨습니다.

현재 선교사님의 주요하게 성장하고 활기 있는 사역들 중에 하나가 이 신학교입니다. 우리는 지금 16헥타르(약 5만평, EMA 부지 18,000평포함)의 땅에 여섯 개의 강의실 건물, 천명이 앉을 수 있는 예배당, 학생들의 기숙사를 위한 쌍둥이 선교관과 다목적 집회실 등을 세웠습니다.

이 신학교 사역은 필리핀의 복음화뿐만 아니라, 전 세계 특히 동남아시아 선교에 효과적 사역을 위해서 중요한 기지 역활을 하고 있습니다. 필리핀을 위한 목회자들뿐만 아니라 아시아와 전 세계를 위한 선교사들을 키우며 제자 삼는 일들을 위해 저와 서 선교사님은 공통의 확신을 가지고 있습니다.

기도가 우리의 힘이 되었고 믿음의 무기로 우리는 사역에 따르는 시련들과 재난들을 극복할 수 있었습니다. 하나님의 영감으로 주신 환상(Vision)이 있기 때문에 우리는 그의 풍부한 공급을 확신 합니다. 이 원리 안에서 우리는 모든 시련도 견딜 수 있는 담력과 감화력을 얻고 사역에 있는 모든 전투를 싸우고 모든 방해물들을 극복할 것입니다.

성경책을 찾던 사형수

파나이 섬 안에 3개의 교도소에 사역을 하고 있다. 우리는 정기적으로 이들에게 성경책을 보급하며 성경을 가르치는 일을 하고 있다. 이들 교도소 가운데 안티끼 지역사역은 토니 목사님이 담당하고 있다. 이들에게 지급되는 성경책은 거제도 새장승포 교회와 시온교회 대학부에서 지급해 준 것이다. 그리고 이들에게 먹을 것도 가져다준다. 나라와 지역전체가 가난하기에 교도소에 먹을 것이 없는 것은 어쩌면 당연한지도 모른다. 그들은 늘 배고파했고. 때로는 먹을 것이 없어서 밥과 소금으로 식사를 한다고 했다. 우리들은 그들에게 빵을 나눠주기

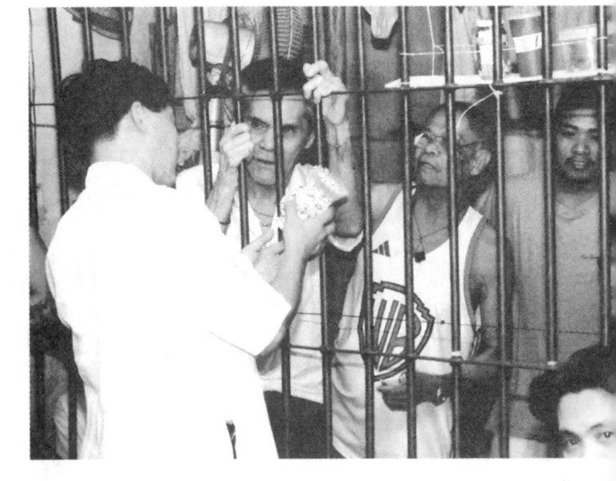

전에 항상 영의 양식인 생명의 빵에 대해서 이야기를 한다. 지금은 교도소의 사역이 정례화 되었지만 처음 이 사역이 시작되는 시점에 잊지 못할 가슴 아픈 기억이 있었다.

교도소는 일반 죄수들이 갇혀 있는 곳과 사형수들이 갇혀 있는 곳으로 구분되어 있었다. 대부분 우리의 방문은 일반 죄수들이 갇혀 있는 곳이며, 그곳에서 복음을 전하고 빵을 전달하기도 한다. 그런데 그날은 사형수들이 있는 곳 까지 방문하게 되었다. 거기에는 다섯 명의 사형수가 있었다. 이 지역에서는 사형을 집행할 수 있는 법적인 제도가 없어서 사형수들은 모두 마닐라로 보내졌다. 이들은 언제 죽을지 모르는 상황에서 우리를 만나게 된 것이다.

사형수들을 처음 대할 때 두려운 마음이 들었다. 그들에게 가까이 다가간다는 것이 어색하고 힘들기도 했다. 하지만 그들 역시 예수 그리스도로 인해 구원받아야할 백성이기에 다가가서 예수 그리스도의 영생의 복음을 전했다. 나의 전도를 한참 듣던 한 사형수가 말했다.

"저, 저에게 성경책 한 권을 줄 수 없습니까?" 그의 눈은 빛나고 있었고 하나님에 대해서 더 깊이 알고 싶어 하는 듯한 모습이 보였다. 초창기 방문이라 성경책을 가져간다는 것도 생각하지 못하고 있을 때 였다. 그래서 머지않은 시기에 다시 방문할 것과 그때 성경책을 꼭 주겠다고 약속했다. 그리고 그들을 위해 기도하고 교도소를 나오게 되었다.

다시 교도소를 방문해야 한다는 생각을 늘 간직한 채 또다시 사역에 전념하였다. 그러다보니 방문시간이 늦어지게 되었다. 이래서는 안 되겠다는 생각에 성경책을 준비해서 다시 교도소를 찾아갔다. 교도소 입구에 들어서면서 그 때 성경책을 달라고 했던 사형수의 안부를 물었다. "그때 저희들과 함께 만나 예배 드렸던 그 사형수들 잘 있습니까?" 이렇게 교도관에게 물으면서 다가가던 나에게 교도관의 대답은 뜻밖이었다. "아, 그 사람들요? 얼마 전에 마닐라로 호송되었습니다." 마닐라로 갔다는 말의 의미가 무엇인지 알고 있던 나는 큰 충격을 받았다. '만일, 내가 조금만 더 일찍 방문했더라면, 그에게 성경책을 주었더라면 그는 더 깊이 예수 그리스도를 알고 그의 삶이 하나님으로 충만했을 텐데…….' 오랫동안 그 충격이 가시지 않았다.

그 이후부터 교도소 사역은 점차 체계화되어 갔으며 한국에서 단기 사역팀들이 방문하게 되면 전도 공연을 하게 되었고, 정기적으로 빵을 넣어주는 일과 성경책을 전달하는 일을 계속하게 되었다.

얼마 전에 그 교도소에서 퇴소한 사람이 우리교회로 와서 등록하여 신앙생활을 하다가 지난 주에 세례를 받게 되었다. 그도 그리스도안에서 온전한 한 가족이 된 것이다. 그리고 교도소 출신 중에 두 사람은 현재 신학교에서 공부를 하고 있다. 이 또한 얼마나 귀하고 감사한 일인가?

차별 없이 부르시는 하나님의 부르심에 감사드리며, 이들을 통해서 다시금 구령의 사역이 계속되어 갈 일들을 기대하며 오늘도 계속 복음의 씨앗을 뿌린다. 시온교회 대학부에서는 이곳 사역에 많은 도움을 주었다. 특히 단기 사역을 통해서 교도소 사역과 캠퍼스 전도로 많은 열매를 맺기도 했다.

기도로 선교의 씨앗을 심는다
- 우리의 눈물과 땀은 필리핀 땅에 대한 사랑이며 선교
에 대한 열정입니다.(성지영 자매/시온교회 대학부)

마지막이다. 이번 대학부 필리핀 선교가 나에게 있어서는 마지막이다. 나는 필리핀을 준비하면서 늘 이렇게 생각해왔다. 마지막이라는 이 말이 나를 더 열정적으로 만들었고 더 힘찬 각오로 임하게 했다. 그래서 그 어떤 선교보다 말씀을 붙잡으면서 또 하나님께 기도함으로 모든 것을 맡기고 준비하려고 노력했다. 처음에 선교를 갈 때 그 마음을 찾도록 애쓰면서 나에게 있어서 마지막 선교라는 것을 또한 잊지는 않았다.

무엇보다 출발하기 전부터 따뜻한 마음으로 선교를 떠날 수 있었다. 이번 선교가 그 어떤 선교보다 특별한 것이 있었다면 그건 바로 정말 많은 사람들이 필리핀 선교에 관심을 가져 준 것이다. 물질적인 관심과 기도의 중보와 격려의 말을 하나하나 마음에 담아서 담대한 마음으로 나갔다.

필리핀에서 하루에 3회나 되는 집회에서 또 무언극으로 매번 사역을 감당해야 했던 나에게 있어서는 집회가 끝날 때쯤에는 체력의 한계를 느낄 때도 많았다. 그러나 그때마다 새 힘을 주시고 나의 수고를 위로해 주시는 하나님을 만날 수 있었다.

고등학교, 교도소, 교회 집회 등 많은 집회 가운데서도 나를 힘들게 한 것은 교도소 사역이었다. 두 번의 단기선교에서 나는 교도소 집회 때마다 그들의 겉모습 때문에 편견을 가지고 그들을 바라보았다. 그래서 좀처럼 그들의 눈을 바라볼 수 없었고 그들을 향해 맘의 문을 열 수 없었다.

그들의 영혼을 위해 간절히 기도하기가 어려웠고 교도소 사역이 끝나면 나의 마음은 언제나 무거웠다.

첫 번째 교도소 사역에서 선교사님은 이제까지 외부의 선교팀이 접근한 적이 없는 곳이라고 설명해 주셨다. 그 말씀이 오히려 두려운 마음을 기대로 바꾸어 놓았다. 시온교회 대학부 필리핀 선교팀이 하나님에게 특별히 사랑받고 신뢰받는 팀이라는 생각에 오히려 기대하는 맘이 생기게 된 것이다.

무척이나 더운 그곳이었지만 찬양하는 내내 웃음을 잃어본 적은 없었다. 찬양을 하면서 이전 선교에서 가졌던 떨리고 두려운 맘은 없어졌고 그들의 영혼이 순수하게 보였다.

하나님은 나를 통해 그렇게 예수님의 마음을 심어 주셨다. 그들이 세상에서 죄인이라는 이름으로 그곳에 갇혀 있는 존재일지라도 하나님 앞에서는 그들과 우리는 모두 다 같은 죄인임을 일깨워 주셨다.

우리는 그저 하나님 앞에서 먼저 부르심을 입은 사람일뿐이었다. 하나님은 이들 영혼들에게 주님의 이름으로 자유함을 주시기 위해서 먼저 부르심을 입은 우리를 사용하심에 깊이 감사드린다.

무언극 천지창조가 끝나고 이때까지 흘려본 적이 없는 너무나 많은 양의 땀을 흘렸다. 그 만큼 나의 육신은 많이 지쳐 있었고 쉬고 싶다는 생각이 간절했다.

하지만 그 마음을 뿌리치고 그들에게로 다가갔다. 눈을 감고 그들의 손을 잡고 간절히 기도했다. "하나님, 저들 하나님께 나감으로 저들 영혼에 자유함을 허락해 주시옵소서!" 그들 영혼을 위한 눈물의 기도가 그 영혼을 감동시켰는지 내가 손을 잡고 있던 그 영혼이 정말 맑은 미소로 나에게 손수건을 내밀었다. 하나님께서 그를 통해 나에게 주셨던 손수건으로 나의 땀과 눈물을 닦아 내면서 육신의 연약함을 잊을 수 있었다. 손수건을 돌려주면서 그 영혼의 눈을 가슴에 새겨 넣었다.

내가 돌아가서는 저 한 영혼을 위해서 끝까지 책임지고 기도해야겠다는 결단하는 마음도 생겼다. 그렇게 한 집회 한 집회 매 집회에서 힘을 주시고 함께 동행 하시는 하나님의 도우심으로 육신은 힘들었지만 나의 영은 기쁘고 행복했다.

교도소 사역만큼 잊혀지지 않는 집회가 있다면 금요일 오전에 귀마라스에 있는 국립대학에서의 우리 팀의 마지막 사역이었다. 고등학교 그리고 대학교 사역을 위주로 했고 또 마지막이었기에 다소 긴장감을 놓을 수 있는 상황이었지만 목사님과 위원장 그리고 많은 사람들이 서로 격려해 가면서 역시 한순간도 긴장감을 놓아서는 안 된다는 것을 알려 주셨다. 나 또한 끝까지 긴장감을 놓지 않으려고 계속 기도하는 마음으로 준비하고 있었다.

왠지 모르게 이곳에서는 천지창조를 통해서 많은 영혼들이 하나님께로 돌아올 것만 같았다. 언제나 그렇듯 찬양으로 그들에게 다가갔다. 나는 그 어떤 때보다 그 학교 학생들과 눈을 많이 마주치고 웃음으로 사랑을 보여주려고 노력했었다. 나랑 눈이 마주칠 때마다 조용한 미소로 답해 주었던 그 순수한 영혼들을 가슴에 하나씩 새겨 두고 있었다.

하나님께서는 그들의 마음을 열어주셨고 그들은 스스럼없이 우리의 사랑을 받아 주었다. 하나님 안에서 함께 기뻐했고 함께 웃었다. 성령님이 친히 먼저 저들을 찾아가 주셔서 저들 맘을 열어주셨으니까 천지창조를 통해서 많은 영혼이 하나님께로 돌아 올 것이라는 확신을 가지게 되었다.

나에게 있어서 이 대학부와의 마지막이 될 선교사역에 나의 남은 에너지를 모두 쏟아 부었다. 천지창조가 끝나고 현지 목사님의 말씀이 끝나고 나서 주님을 영접하겠다고 손을 드는 많은 학생들을 보았다. 그들의 눈빛을 통해 진지함을 느낄 수 있었다.

나는 그들을 섬기는 마음으로 무릎을 꿇었다. 하나님께 이들을 섬기는 마음을 허락해 주심을 감사드리고 또 이 영혼들이 하나님을 끝까지 믿고 신뢰하는 사람이 되기를 기도했다.

모든 집회를 마치고 숙소로 돌아오면서 필리핀의 하나하나를 열심히 가슴속에 집어넣었다. 이제 나는 보내는 선교사가 되고 싶어졌다. 더 많은 사람들이 하나님의 크신 역사에 참여할 수 있도록 도와주는 사람이 되리라고 그 땅에 그 마음을 심어두고 왔다.

우리가 필리핀에서의 많은 역사들을 체험하고 돌아 올 수 있었던 것은 지금까지 그 땅을 위해 기도한 성도들의 중보기도였다고 생각된다. 그 기도로 하나님께서 너무나 좋은 밭을 허락해주시고 우리는 그곳에 온전히 씨를 뿌리고 올 수 있었다. 앞으로 영원히 내 가슴에 살아있는 필리핀 땅을 위해 내 생명 다하는 순간까지 기도를 놓지 않고 싶다.

6

선교사들을 통한 복음 확장

선교지에서 파송한 선교사들

복음은 생명체이기에 땅 끝까지 이 생명체를 손상시키지 않고 운반해 갈 살아 있는 전달자가 필요하다. 또한 복음은 횃불이기에 이 지구촌 구석구석까지 이 횃불을 꺼뜨리지 아니하고 전달 할 수 있는 전달자가 필요한 것이다.

땅 끝까지 이르러 내 증인이 되리라는 주님의 말씀을 신실하게 이행해 가는 것이 소수의 사람만이 그 말씀을 따라 살아가는 것이 아니라, 더 많은 사람들이 가야하며, 또한 훈련된 사람들 중에서 보내야 한다는 사실에 눈을 뜨게 되었다.

바울 선교회에서는 선교사를 훈련시켜 파송하는 일을 중요한 정책으로 결정하여 진행하고 있으며 필리핀 일로일로에서는 이러한 선교적 전략에 의해 선교사로서 소명을 가진 자들을 발굴하고 훈련시켜 선교적인 열매를 맺게 되었다. 현장 선교사로서 15년 동안 사역하면서 선교지에서 선교사를 파송하는 것의 중요성을 시간이 지나면 지날수록 절감하게 된다.

한국교회는 70-80년대를 지나면서 폭발적인 성장을 했다. 교회의 성장은 한국경제성장과 맞물려 세계 어느 곳에서도 찾아보기 힘든 축복을 누리게 되었다. 성도들의 새벽예배와 부지런함은 새마을운동의 효시가 되었다. 새마을 노래 가사에 보면 '새벽종이 울렸네, 새 아침이 밝았네'라는 부분이 나오면서 새벽예배의 종소리가 온 민족을 가난으로부터 깨우는 역할을 담당했음을 시사하기도 한다. 고도의 신앙성장은 경제성장의 결과를 낳았고 그 결과 우리는 많은 지역에 선교사를 파송할 수 있게 되었다.

그러나 선교사 파송도 IMF와 경제적인 어려움들이 닥치면서 주춤하게 되었다. 무엇보다도 선교사로서 파송하는 교회나 파송되는 사람들의 헌신과 마음에도 예전과 같지 않은 많은 변화가 일어난 것을 보게 된다.

한때 한국 선교사들은 미국에서 파송된 선교사들의 생활규모와 모습들을 보고 많은 의문을 갖기도 했다. 저렇게 호화(?)롭게 사는 것이 과연 선교사의 도리인가에 대한 강한 의문도 제기하곤 했다. 그러나 그 미국 선교사로서는 지금의 생활은 미국 생활보다 훨씬 더 못한 낮아진 생활이며 고통의 생활이었던 것이다. 그러나 가난과 어려움 속에서 자란 한국 사람에게는 선교사들의 그 모습이 호화로운 모습으로 비친 때도 있었다.

그러나 지금은 미국 선교사에게서 느꼈던 모습들이 한국 선교사들에게도 나타나기 시작한다. 매일 집에서 따뜻한 물로 샤워를 하며 충분한 문화를 누리며 살아온 세대가 선교사로 헌신하여 낮아 질 때 그 낮아짐의 정도와 한계는 이전 가난한 가운데 신앙생활을 했던 선교사들의 모습에 비춰보면 격세지감을 느낄 수밖에 없다.

이러한 측면에서 볼 때 이미 한국교회는 선교사 파송의 정점을 지나고 있다고 봐도 과언이 아니다. 선교사 한 사람을 파송하는데 드는 선교비와 부대 경비는 이전보다 더 많이 들게 되며, 그동안 누려왔던 경제적인 부와 문화적인 혜택으로 인한 새로운 장애를 경험할 수밖에 없는 상황들이 된 것이다.

그렇다고 한국교회가 더 이상 선교사를 파송하지 않아도 된다거나 말자는 말이 아니다. 더 노력하고 노력해도 이전과 비교해서 갖게 되는 한계점을 안을 수밖에 없는 현실의 문제를 직시하며, 또한 이러한 세대의 변화로 인한 선교의 정책에 대한 방향성에 대해서도 다른 각도에서 접근할 시점이 된 것이다.

이러한 문제점을 해결할 수 있는 가장 좋은 방법 중에 하나가 선교지에서 선교사를 파송하는 일이며, 이 일에 필리핀 사역자들이 적합한 사역자라고 생각된다.

목회자훈련원에 참석하는 목사님들은 가난한 분들이다. 하루에 한 끼를 먹고도 열심히 복음을 전하는 분들이다. 이분들이 세미나에 참석하고 모임에 와서 말씀을 배울 때 이들에게 제공되는 식사는 한국에서 볼 때 정말 형편없는 정도이며 이들이 잠자는 곳은 교회 바닥이나 나무의자 위 그리고 심지어는 나무 위에서도 잠을 잔다. 가난은 우리 속에 있는 복음의 야성을 살아나게 하며, 이 땅에 소망을 두기 보다는 하나님나라에 소망을 두고 전심전력하게 한다. 이미 이곳에서 파송한 현지인 선교사들을 보면 그들이 복음을 들고 찾아간 곳은 이곳보다 더 열악하고 가난한 곳이었다.

한국 선교사가 낮아지고 낮아져 찾아온 곳에서 파송한 사람들은 도저히 한국 선교사가 가기 힘든, 경제적인 상황이나 문화적인 습성들을 고려한다면 불가능해 보이는 아골 골짝 빈들에도 이들은 기꺼이 갈 수 있는 준비가 되어 있음을 보게 되었다. 경제적인 발전이 선교에 유익을 주는 예가 있듯이 가난이 선교에 주는 유익도 많음은 분명하다.

또한 이들의 대부분은 영어를 공용어로 사용하고 있다. 물론 현지 언어를 다시 배워야 하겠지만 선교사 헌신자 중에는 현지 언어뿐 아니라 영어를 다시금 배워야 하는데 시간을 많이 보내야 하는 분들도 적지 않다. 그러나 이들은 영어 사용이 자유롭고 다중 언어권에서 자라다보니 다른 언어를 습득하는 것도 보편적인 한국 사역자 보다 더 빠른 것을 보게 된다.

　하나님께서는 이 가난한 땅의 사역자들에게도 복음을 전하고자 하는 마음을 주셨고 선교사로 헌신하여 파송하게 하셨으며, 계속해서 믿음으로 복음이 필요한 곳에 나가기를 원하며 헌신하는 자들이 나오게 하셨다. 그리고 선교정책으로 바울선교회를 통해서 이 사역을 지속적으로 해 갈 수 있는 비전도 주셨다.

캄보디아로 칸하 목사 가족 파송

지난 1998년에 목회자 훈련원 (PTI) 제 5기 졸업자 가운데 선교사로 헌신한 필리핀 목회자 엔네스토 칸하(Ernesto Canja)목사 가족을 바울선교회 추천으로 캄보디아 선교사로 파송하였다.

파송 이후 그의 가족은 하나님의 은혜와 우리 일로일로 목회자 훈련원의 기도와 PTI 출신 지역교회들의 후원으로 열심히 사역하게 되어 120명의 캄보디아의 영혼들에게 세례를 베푸는 광경이 어느 미국 선교잡지에도 소개된 바 있다.

뿐만 아니라 그가 제자훈련을 통해 양육하던 중에 신학교육의 필요성을 느끼고 선교지에서 양육한 킴 사본 형제를 이곳으로 유학을 보내어 공부하게 했다. 지금 이 형제는 우리 신학교의 가장 모범된 학생 중에 한사람으로 현재 3학년에 재학 중이며 이제 졸업 후 자기 조국인 캄보디아로 돌아가 선교하며 목회를 하게 됨으로 주님께 구체적인 헌신을 하게 될 것이다.

칸하 선교사님의 선교사역은 우리가 진행하고 있는 선교사역과 유사하게 진행하고 있다. 보고 배운 것이 전부인지, 교회개척과 유치원 사역 등 방법도 유사한 것을 보며 신기하기도 했다.

칸하 선교사님 가족은 현재까지 6년 동안 이 사역들을 잘 진행하고 있다. 이들에게 후원되는 선교비는 목회자훈련원 소속 현지 목사님들이 섬기고 있는 지역교회들이 조금씩 헌금한 금액이 보내어지고 있다.

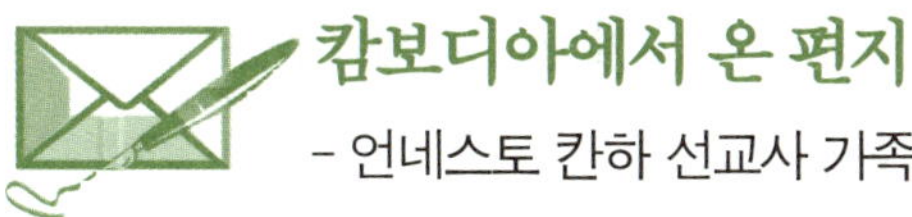

캄보디아에서 온 편지
- 언네스토 칸하 선교사 가족

목회자 훈련원(PTI) 목사님들께

캄보디아에서 주님의 귀하신 이름으로 문안 인사를 드립니다.

선교 동역으로 여기 캄퐁 톰 캄보디아에 모든 것을 행하신 주님께 영광을 드립니다. 하나님은 이곳에 많은 것들을 일어나게 허락하셔서 많은 사람들로 하여금 우리 하나님께만 있는 영광과 구원을 보게 하셨습니다.

마을 사역은 우리 지방 일꾼들(신학생들)을 통하여 45개의 마을들로 계속 확장되었습니다. 38개의 마을들은 정기적으로 일주일에 한번 예배를 드리고 있으며 7개의 마을들은 십일조와 헌금을 드리기 시작했습니다. 각 일꾼은 일을 돕기 위해 한 마을에서 한 사람을 맡아 제자 훈련을 하려고 노력합니다. 다섯 마을에서 다섯 사람이 토요일 제자 훈련을 받기 위해 옵니다.

2월에 우리는 어린이날을 가졌습니다. 거의 500여명의 아이들과 청년들이 예수님의 이야기를 듣고 신학생들의 발표를 보러 왔습니다. 그들 중에 많은 이들이 계속 각각 다른 마을들의 집, 교회들을 참석하고 있습니다. 4명의 신학생들이 사립학교 선생님들을 전도하기 위해 5개의 영어 수업과 일본어 수업을 가르치겠다고 지원했습니다. 우리는 지금 수요예배와 주일예배에 참석하는 224명의 학생들이 있고 이 중에 많은 이들이 금요일 기도 모임에 참석하고 있습니다.

많은 청년들이 기도하기 시작하며 하나밖에 없는 진실한 하나님을 예배하는 것을 볼 때 너무 놀랍습니다. 헌 옷과 응급치료 약물을 기부한 분들로 인하여 하나님을 찬양합니다. 이 분들을 통해 우리들은 옴, 열병, 기침과 설사가 마구 퍼진 곳에 이것을 4월과 5월에 다섯 마을에 배포하고 약 2000명의 사람들에게 유익을 주었습니다.

캄보디아는 지난 4월 15~17일에 크멀 새해를 맞이했습니다. 그리고 이들의 전통은 다른 곳에 사는 친구들과 친척들을 방문하러 돌아다니고 흥겹게 떠듭니다. 많은 사고들이 일어났고 우리 교회 교인들 중에 18명이 차와 오토바이 사고를 당했습니다. 이중에 7명이 죽었고 신학생 한 명은 의사들에 의해 그의 뭉개진 간을 제거하는 수술을 받았습니다.

몇 주 전에 우리는 너무나 많은 장례식들에 참여했고 저의 아내는 심히 아팠지만, 병원에 가지 못하는 대다수의 사람들을 도왔습니다. 의사들과 불신자들조차도 기도를 통한 그리스도의 능력을 믿어서 하나님을 찬양합니다.

그 이유로 매일 우리는 마을 사람들과 병원에서부터 소문을 듣고 찾아오는 사람들을 만납니다. 지난 토요일에 마을에서 약 38Km 떨어진 부족에서 성경공부를 하고 돌아오던 3명의 일꾼들이 달리는 소형 트럭에 치였습니다. 오토바이는 뭉그러졌고 우리는 헬멧이 없었지만 그들 중에 중한 상처 입은 이들이 없어 하나님을 찬양합니다.

이 사건 이후에 하나님께서는 우리에게 중고 오토바이와 새 헬멧을 아는 분들을 통해 공급해 주셨습니다. 참으로 하나님을 찬양합니다.

기도와 재정으로 이 사역에 후원을 계속하여 주셔서 매우 감사합니다. 우리는 더욱 많은 크멀 영혼들이 예수님의 발 앞으로 오는 것을 보는 게 우리 마음의 소원과 축복입니다. 그리고 한마음으로 짐(부담)을 나눌 수 있어서 감사합니다. 하나님의 축복이 임하길 기도하면서 안부를 전합니다.

태국으로 가나혜 전도사 파송

지난 2000년 5월에는 캄보디아로 선교사를 파송한 것 외에 태국으로 선교사를 파송하게 되었다. 레디시아 가나혜 (Letecia Canaje)전도사는 49세의 미혼으로 목회자훈련원에서 제 7기로 교육을 받았다.

그리고 2주 동안 한국을 방문하면서 선교에 대한 주님의 분명한 부르심을 확인하고 태국의 영혼들을 위해 기도하면서 준비하였고, 바울선교회의 추천을 받아 태국선교사로 파송되어 헌신적인 사역을 담당하고 있다.

가나혜 전도사님은 태국에서 순복음 계통의 신학교에서 교수 사역을 담당하며, 어린이 사역을 담당하고 있다. 특히 공동체 생활을 통해서 불교학생들에게 예수님을 영접하고 그리스도인으로서의 삶을 살도록 훈련하고 있다.

또한 최근에는 에이즈환자들을 돌보는 사역까지 담당하게 되었

다. 그 지역이 성적으로 문란하며 치료나 보호를 받지 못하는 에이
즈 환자들이 많아 그 부분까지 사역의 장을 넓혀 그들에게도 복음을
전하는 일들을 담당하고 있다.

모슬렘 지역에 선교사 파송

15년전 우리가 처음 필리핀에 도착해서 세운 교회는 마닐라의 파가사 크리스찬 백합교회였다. 우리를 이어 그 교회를 담당하고 있던 담임목사인 라울 베가 가족이 하나님의 부르심을 받고 이슬람인들이 집단으로 거주하는 민다나오 남부 잠보앙가 지역으로 파송되었다.

어느 정도 성장해서 안정된 교회의 담임목사 자리를 마다하고 더 열악한 이슬람지역인 민다나오 남부 잠보아가에 들어간다는 것은 결코 쉬운 일이 아니다.

그러나 이들은 하나님의 부르심에 응답했으며, 이슬람 지역으로 5명의 자녀들과 함께 들어가게 되었다.

이들이 파송된 민다나오 지역은 매우 위험한 곳이다. 지금도 이슬람교도들이 기독교인 가족들을 죽이거나 그들의 집과 교회를 불태우며 핍박하는 일들이 자행되고 있는 실정이다.

목숨의 위협과 경제적인 어려움 그리고 자녀들과 가족에 대한 위험 등 여러 가지 어려운 문제들이 많았음에도 불구하고 온전히 지역선교의 사명을 잘 담당하고 있다.

한편, 이들을 파송한 파가사교회의 담임목사는 무슨 일이 있어도 선교지에 선교비를 보내며 그들을 위해 기도하는 일을 교회의 최우선 사명으로 정하고 적극적으로 후원하며 협력하고 있다.

개척된 교회가 스스로 선교사를 파송하며 후원자가 되어 함께 하나님의 나라를 이뤄 가는 모습들을 보면서 하나님께 감사와 찬양을 드리게 된다.

신학생들의 선교사로의 헌신

　아가페 국제신학대학(ACCOT)에서 현재 재학 중인 60여명의 학생들 가운데서도 필리핀 남부 모슬렘 지역과 동남아 선교를 위해서 헌신하는 자들이 한두 명씩 계속해서 나오고 있다. 이들은 필리핀에 산재한 복음을 전파해야 할 곳 가운데서도 모슬렘이 많은 지역을 향해 기도하며 준비하고 있다.

　특히 캄보디아 선교지에서 유학 온 킴 사본 형제는 신학수업과 영성훈련을 받고 돌아가서 조국 캄보디아의 복음화를 위해 사역하려고 헌신되어 있기에 이 학생의 열심은 다른 학생들에게도 도전이 되어 복음을 전하며 하나님 나라 확장을 위해 살고자하는 신학생들의 헌신은 더욱더 커져가고 있다.

　그 외에도 인도지역으로 선교하기 위해 준비하고 있는 목회자가 나오고 있다 또한 선교지에서 선교사를 파송하는 사역이 바울선교회의 중요 정책 중 하나로 채택되면서 앞으로 이들을 훈련하여 선교사로서 파송하고 지역교회들로 하여금 계속 기도와 물질로 후원하도록 하는 사역들이 더욱더 확장될 것으로 본다.

아가페 국제신학대학

　목회자훈련원 사역과 교회개척 사역이 진행되면서 복음은 계속해서 확장되어 갔다. 세워진 교회에서는 말씀양육을 통해서 제자 삼는 일들을 계속해 왔다. 복음의 전파와 가르치는 일들이 계속되면서 각 교회에서는 사역자로서 훈련되고 준비되는 사람들이 나오기 시작했다.

　목회자훈련원 출신 목회자들의 교회에서 보내온 사역자들을 훈련해야 할 필요성을 느꼈고 또한 목회자들을 다시금 훈련시켜야 할 필요성이 대두되었다. 물론 우리의 형편과 여건으로는 그 어떤 것을 시행한다는 것 자체가 무리일 수도 있었다. 그러나 주님께서는 우리들에게 이들을 훈련시킬 신학교를 준비할 수 있는 마음의 소원을 주셨다. 그리고 이들을 훈련시켜 필리핀 복음화와 동남아지역 선교사로서 양성해야 할 필요성과 사명감으로 아무것도 준비되어 있지 않은 상황에서 오직 믿음으로 신학교 사역을 시작하게 되었다. 그래서 윌슨 전도사와 함께 1996년에 신학교를 세우는 일을 시작했다.

이듬해인 97년에 신입생 19명을 받게 되었고, 이 지역을 방문한 울산 말투스 선교회의 구재상 목사님과 서울산 교회의 박 임선 사모님 일행이 방문하여 부지 3,500평을 구입하고 예배당을 건축하여 예배는 물론 강의실로 활용하게 되었다. 그 후 하나님께서는 많은 믿음의 손길들을 보냈다. 전주목원교회 김 봉철 목사님이 강의실을, 황 성주 박사님이 기숙사를, 태영선교회(최 병태 장로님)에서 3,500평, 서울산 교회 이 영실 목사님이 14,000평 대지 구입과 700명 수용 가능한 대강당을 건축 해주셨다.

뿐만 아니라, 소망선교교회(권 우림 목사님)와 울산산돌교회(윤 은석 목사님)의 후원으로 도서관이 건립되었다. 시온교회대학부와 강 일하 목사님은 신학교 도서관에 필요한 도서를 구입해 주셨다. 이들은 청계천과 인터넷을 통해 중고 신학영서를 구입하여 보내왔다. 신학교 인가를 위한 도서관의 책들을 구입하는데 이들의 역할과 수고가 대단히 컸다. 그리고 분당중앙교회(최 종천 목사님) 청년회에서 이 신학교 건립에 많은 도움을 주셨다.

한국교회와 여러 분들의 후원과 기도로 2002년에 6명의 첫 졸업생을 배출하게 되었으며. 그 다음해에 28명의 신학생을 배출하면서 신학교육이 점차 체계를 잡아가게 되었다.

망고나무로 꿈과 비젼을 심는다

넓은 신학교 부지 위에 크고 작은 건물들이 하나 둘 씩 세워져 가기 시작했다. 그래도 여전히 황량하게 남아 있는 들판에 신학생들의 먹거리 해결을 위해 고구마를 심었다.

신학생들은 새벽이 밝아오기 전에 일어나서 기도하다가 어둠이 걷히는 새벽 빛으로 성경말씀을 읽었다. 그리고 오전에는 신학공부를 하고, 오후에는 신학교 건축 현장에 투입되어 함께 일하기도 하며, 고구마를 경작했다.

그리고 남은 부지에는 망고나무도 심었다. EMA(에반젤 선교회/권 용철 집사)에서 심은 망고나무 외에도 필리핀 선교 재원확보를 위해 망고나무를 심었다. 망고는 그 지역의 특산물로서 심은 후 관리하여 10년이 지나면 열매를 맺게 된다.

망고나무의 소출이 시작되면 그 재원이 신학생들의 생계에 도움이 되며, 더 나아가 필리핀을 교두보로한 동남아 지역 선교에 사용

될 것을 기대하며 빈 벌판에 나무를 심었다.

선교지에 방문하신 한 부부가 있었다. 비가 내리고 있는데도 불구하고 그분은 비를 피하지 않고 망고나무를 붙잡고 기도하고 있었다. "하나님, 망고나무가 잘 자라서 열매를 맺게 해 주시고, 이 열매가 하나님 나라 확장에 크게 사용되게 해 주소서." 그들의 기도는 계속되었다. "하나님, 이 망고나무가 열매를 맺을 때 다시 이곳에 서게 해 주세요." 그들의 기도는 진솔했으며 감동적이었다.

기도하던 여집사님은 암으로 투병 중이셨고, 그런 상황 속에서 선교지를 방문하여 한 그루의 망고나무를 심었던 것이다. 망고나무가 자라 선교에 기여하기를 바라는 마음으로 기도하셨고, 하나님께서 자신의 생명을 연장시켜 주시길 위해 기도하고 있었다.

아직 망고나무는 열매를 맺지 않았으며 계속 자라고 있다. 이 나무가 자라듯이 필리핀 현지인들과 현지교회의 신앙도 자라며 선교의 열매들도 점차 맺혀지게 될 것이다.

사라진 두 개의 달걀

신학교에 아침이 밝아 오고 있었다. 그때 한 학생이 달려왔다. "선교사님, 달걀이 두 개가 없어졌어요." 신학생들의 식사문제를 해결하기 위해서 신학교 캠퍼스 한구석에 닭을 기르게 되었다. 신학생들이 돌아가면서 닭에게 모이도 주고 관리를 한다. 한 서른 마리 정도가 돌아가면서 알을 낳다보니 신학생들이 끼니를 해결하는데 많은 도움이 되었다. 그날도 새벽예배를 마치고 당번 학생이 닭장에서 낳은 알의 갯수를 파악했는데 조금 후에 다시 확인했을 때 두 개가 없어진 것이다.

한국에서 달걀 두 개는 사실 아무것도 아니다. 물론 그곳에서도 생각하기에 따라서 두 개의 달걀이 없어진 것은 대수롭지 않은 일일 수도 있다. 그러나 신학교안에서 달걀이 없어졌다는 것을 그냥 지나칠 수 없었다. 그날 아침, 학생들을 모두 소집했다. 아침에 달걀을 몰래 먹은 사람이 누구인지 자수하도록 했다. 처음에는 나오지 않았다가 한참의 시간이 지난 후에 한 학생이 자신이 먹었다고 말했다. "왜 그렇게 했나요?" 그러자 그 학생이 말했다. "선교사님, 배가 너무 고파서 저도 모르게 그렇게 했습니다. 죄송합니다."

그날 모든 학생들에게 특히 그 학생에게 지도자의 정직에 대해서 교훈을 했다.

"계란 몇 개 먹는 것을 별 문제가 아니라고 생각할 수도 있습니다. 그러나 한국 속담에 바늘도둑이 소도둑 된다는 말이 있습니다. 여러분은 앞으로 교회를 이끌어갈 지도자입니다. 하나님의 말씀을 전해야하고 또 여러분의 삶의 모습으로 그리스도의 진리를 나타내야 합니다. 그런데 배가 고프다고 해서 자신의 것이 아닌 것을 도적질하고 또 그것을 숨기려고 한다면 이것이 습관화될 때 어떻게 교회를 지도하고 이끌어 갈 수 있겠습니까? 작은 일에도 정직하며 작은 일에도 충성되게 살려고 노력해야 합니다. 그렇지 않으면 교회에는 미래도 없고 희망도 없을 것입니다."

사라진 달걀 사건은 그렇게 마무리가 되었다. 정직을 가르치기는 했지만 그 이면에 가난과 배고픔이 존재하고 있었다. 입학생 중에 많은 학생들이 가난과 배고픔 때문에 중도에 학교를 그만두고 떠나기도 한다. 이들에게는 영성훈련과 더불어 가난과 싸워가는 훈련을 스스로 해야만 한다.

캄보디아에서 온 신학생

저는 캄보디아에서 온 킴 사본이라고 합니다. 저는 예수님을 구
주로 영접하기 이전에 저의 삶을 나누길 원합니다. 저는 시골에서
태어났고 저의 아버지는 농부이셨습니다. 저의 가족은 아버지와 어
머니 누나 3명과 저를 포함한 형제 3명이었습니다. 저는 5번째 자
식이었고 제 밑으로 남동생 하나가 있었습니다.

1975년에(Killing field라고 불리던 해)에 어머니와 대부분의 친
척들이 돌아가셨습니다. 아버지와 누나 셋, 그리고 저와 동생만이
남게 되었는데, 그 당시에 저는 3살이었고 제 동생은 고작 1살이었
습니다. 아버지는 어머니가 돌아가신 충격으로 인해 가족을 보살피
시지 않으셨고 항상 술에 취해 사셨으며 우리들을 때리셨습니다. 우
리 남매들은 아버지를 두려워했고 하루하루가 끔찍했습니다.

저의 누나 셋은 일년 간격으로 모두 시집을 가게 되었고 우리들
과 떨어져서 생활하게 되었습니다. 그렇기 때문에 아버지와 저 그리

고 동생만이 함께 살게 되었습니다. 우리는 먹을 것 없이 하루하루를 살아야 했고 아버지가 두려운 나머지 낮에는 나무위에서 밤에는 바나나 나무 근처에서 아버지를 피해 다니며 생활했습니다. 거의 대부분을 굶으며 지냈고 가끔씩 고구마를 구워서 먹을 수 있었습니다. 저는 굶으며 학교생활을 할 수밖에 없었고 찢어진 옷과 신발 없이 집에서 학교까지 다녀야 했습니다.

이런 생활은 초등학교 끝날 때까지 이어졌습니다. 학교에서 치루는 진급시험에는 통과했지만 아무것도 가진 것이 없었기에 저는 더 이상 학교에 다닐 수 없었고 집에서 혼자 생활해야만 했습니다. 집에서 저는 먹지도 못한 채 모심기와 땅콩을 길렀습니다.

하루는 체육선생님께서 찾아오셔서 같이 학교에 가자고 말씀하셨습니다. 저는 선생님과 같이 학교에 갔지만 그곳에 있던 사람들에게 너무나도 부끄러웠습니다. 왜냐하면 저는 옷도 없고 책도 없고 신발도 신고 있지 않았기 때문이었습니다. 그래서 나무 그늘 아래에 숨어 서 있었습니다. 그곳에 있던 저에게 선생님이 다가오셔서 함께 교실로 가주셨습니다. 하지만 교실에 있던 학생들 중에 어느 누구도 말을 걸어오지 않았습니다.

어머니와 누나들이 보고 싶은 나머지 저는 항상 울었습니다. 아무도 저를 돌보아주지 않았습니다. 그 때까지 저는 사랑이 무엇인지 몰랐습니다. 한 번도 사랑을 받은 적이 없었기 때문입니다. 부모님에게서 조차 말입니다.

가진 것이 없었기에 하루에 한 끼 식사와 밤에는 향을 피워놓고 책을 읽어야 했습니다. 아침 4시 반에 일어나서 강 두 개를 지나고 논을 지나서 학교까지 뛰어다녔습니다. 그렇게 지내며 학교의 3년 코스를 모두 마쳤습니다. 집에서 고등학교까지는 30Km정도의 산길이였습니다. 집에서 학교까지는 너무 멀었기 때문에 저는 파고다라고 불리워지는 절에서 생활하였습니다.

1992년도에는 고등학교를 졸업할 수 있었습니다. 대학교를 다닐 능력이 없었기에 저는 부자가 되는 것만이 제가 누나와 형제들을 도울 수 있는 유일한 길이라 생각했습니다. 저는 한 달에 75달러를 지급하는 어느 한 NGO의 경호원으로 취직했습니다. 그래서 저는 아버지와 남매들을 도울 수 있었습니다.

어느 날 친구는 성경 공부를 함께 하자고 저에게 제의를 했고 저는 같이 가게 되었습니다. 그곳에서 저는 필리핀에서 온 어네스토 칸하 선교사님을 만났습니다. 그는 P.T.I 출신이셨고, 1999년에 캄보디아 선교사로 파송 받으셨습니다. 3주 후에 저는 주님을 영접했습니다. 그리고 1999년 10월 24일, 선교사님에게로부터 세례를 받았습니다. 선교사님은 영어를 사용하셨기 때문에 저는 알아들을 수가 없었습니다. 그 당시 저는 하나님보다 우리 가족을 먼저 생각했었고 가끔씩 교회에 나갔기에 진정한 그리스도인이 아니였습니다. 하지만 필리핀에 와서 저는 주님께 온전히 헌신할 수 있었습니다.

2001년에 하나님은 학업을 위해 저를 필리핀 땅으로 부르셨습니다. 제가 필리핀에 오기 위한 첫 번째 계획을 세웠을 때 떠나기 이틀 전 아버지께서 돌아가셨습니다. 두 번째 계획을 세웠을 때는 계획에 따라 모아두었던 모든 돈을 잃어버렸습니다. 세 번째 계획 때에는 누나랑 결혼한 매형이 사고로 돌아가셨습니다. 필리핀에 오기 전 방콕공항에 들렀을 때는 제가 가지고 있던 티켓에 문제가 발생했습니다. 그리고 신학교 생활 중에는 류마티즘과 폐에 병이 생겼습니다. 그렇지만 저는 절대로 포기하지 않았습니다. 하나님을 사랑하기 때문입니다. 나는 그의 옆에 항상 머물렀고 힘들 때마다 마태복음 11장 28~30절 말씀을 의지했습니다.

지금 저는 신학교 3학년이고 비전 교회의 현장 실습 과정을 밟고 있습니다. 월요일부터 금요일까지는 교회에서 봉사하고, 금요일에서 주일까지 5곳에서 성경 공부를 하고 있습니다.

저는 하나님이 기뻐하시는 선교사가 되길 원합니다. 캄보디아에서 그 땅의 선교사로 쓰임받길 같이 기도해주세요. 주님 안에서 축복합니다.

동남아 선교의 겨자씨로

가난과 배고픔 가운데서도 주님의 사역을 담당하기 위해 헌신하며 훈련을 받고 있는 아가페 신학교 학생들을 볼 때마다 두 가지의 마음이 공존한다. 늘 가난과 배고픔과 싸워야 하는 그들의 현실이 가슴을 아프게 하며, 또 한편으로는 이들이 필리핀 선교의 미래이며, 나가서 동남아 선교의 중요한 역할을 담당할 것이라는 기대감이다.

그리스도의 군사로 부르심을 받은 우리들의 진정한 삶의 목표는 이 땅에서 부와 명예를 누리는 것이 아니라, 하나님 나라 확장을 위해 전심전력하며 달려가야 하며, 우리의 수고에 대한 위로와 영광은 하늘 아버지를 만날 때 거기에서 얻어야 한다. 순교자의 피와 헌신이 없었다면 오늘의 한국교회는 존재하지 않았을 것이다.

하나님 나라를 이루는 일에 고난과 피와 눈물이 없다면 누군들이 길을 가려고 하지 않겠는가? 하지만 복음을 전하는 일은 영광스

러운 일인 동시에 십자가의 길이다.

목회자 훈련원과 신학교에서 훈련받은 사역자들을 통해서 동남아 지역이 복음화 될 날들을 꿈꾸며 오늘도 가난과 어려움을 딛고 함께 나가는 신학생들이 자랑스럽다.

문화적으로나 경제적으로나 여러 가지 면에서 필리핀 현지 훈련생들은 동남아 선교에 유리한 점이 많다. 이제는 선교지에서 선교사를 훈련해서 파송해야 할 시점이 되었으며, 이들이 성공적으로 이러한 사역을 잘 담당해 주리라 기대하고 믿는다.

겨자씨는 나무 중에 가장 작지만 크게 자라 공중의 새가 깃든다는 예수님의 말씀처럼 이들을 가르치고 훈련하는 일들은 아주 작게 시작되었지만 언젠가 이들을 통해서 하나님 나라가 크게 자라게 될 것이다. 우리는 그 꿈을 가지고 오늘도 씨를 뿌리고 있다.

겨자씨의 성숙을 기대하며

세계적인 선교학자 랄프 윈터(Ralph Winter)박사는 A.D. 2000년대를 살아가는 이 시대를 가리켜 '오늘날의 가데스바네아의 위기'라고 말한다. 즉 과거 이스라엘 백성이 12명의 정탐군을 가데스바네아에서 가나한 땅으로 보내어 전해온 보고를 듣고 난 후, 그리고 공격해 들어갈 것인지 아니면 후퇴할 것인지의 기로에 놓였던 때와 마찬가지로 중요한 시점이라는 것이다.(민수기13-14장)

이 중요한 상황에서 주님의 "위대한 명령 완수"를 위하여 구원의 간증이 확실하여 소명감이 있는 현지인에 의해 현지인에게 복음의 씨를 뿌리고, 뿌려진 씨를 가꾸는 진정한 주님의 제자를 만들려는 선교 전략을 세워 이곳 필리핀 중부지역 파나이섬 일로일로에 목회자훈련원(PTI)를 통하여 약 13년 동안 200여명의 현지인 목회자들을 훈련시켜 왔다. 현재 PTI를 졸업한 사역자들이 보내어 온 젊은이들 가운데 헌신된 신학도 38명이 선지동산에서 선지학문을 익히며 영성과 지성, 그리고 사회성을 훈련받고 있다.

오늘날 교회가 빛과 소금의 역할을 해야 한다고 한다면(마 5:13,14) 빛이 어두운 세상속에서 빛을 반사하지 못하고, 소금이 부패를 방지 못하는, 빛과 소금을 상상할 수 있겠는가? 불행하게도 이것은 사실인 것 같다. 이러한 시대에 영적인 교회 갱신과 교회의 사명을 다하기 위해서는 준비된 영적인 지도자가 절실히 필요하다.

그러므로 이 마지막 시대의 영적인 지도자를 세우고, 세계를 품은 그리스도인을 만들며, 세계 인국의 54.7%에 해당하는 아시아인을 가슴에 품고, 필리핀의 영혼을 위해 일사 각오하는 거룩한 주님의 특권을 가지고 주님이 다시 오시는 그 날까지 사명을 생명보다 귀하게 여기며 순교의 정신으로 선교사역 할 수 있는 겨자씨를 심고 가꾸며, 성숙을 기대해본다.

또한 이러한 시점에서 고국에 계신 여러 선교 동역자님들의 기도와 협력을 기대한다. 좀더 적극적이고 구체적으로 말씀 드리자면 이런한 신학생들이 이곳 신학교에서 훈련받는 동안(약 4년간)에 필요한 기도의 지원과 더불어 물질적인 성원을 부탁드린다. 이들의 매월 1인당 후원비는 약 3만원 정도면 된다. 존경하옵고 사랑하는 선교 동역자님들의 아름다운 선교동역을 요청 하며 오늘도 겨자씨들의 성숙을 기대해본다.

7
미래를 향한 비전

아직도 끝나지 않은 길

앞으로 우리가 가야할 선교의 방향성들은 지금 우리의 사역을 좀더 확대하며 체계화 하는 일일 것이다. 미전도종족의 교회개척사역의 완성과 2010년까지 500교회 개척과 목회자훈련을 통한 지속적인 교육과 신학교 교육 그리고 그들을 다시금 선교사로 헌신하도록 하여 자신들이 다른 선교지에 선교사를 파송하도록 하는 것이다.

또한 지금 건축되어진 5만평 대지위에 세워진 신학교 건물들을 활용한 단기 선교훈련센터를 설립하는 것들을 진행할 예정이다. 이러한 비전은 바울선교회의 정책과 백합선교회와 우리의 선교를 직간접적으로 돕는 분들과 함께 발견하며 만들어가게 된 비전들이다.

다음은 국제선교사관학교의 설립의 필요성과 이 사역에 대한 방향성을 제기해 주신 황성주박사의 글이다. 이 지역 단기 사역을 다녀가신 황 박사님이 쓰신 글로 그의 책 '내 아들아 사랑으로 세계를 품어라' 에 실려 있는 것을 옮겼다.

나는 마닐라를 출발한 비행기가 필리핀 파나이 섬을 지날 때 그 아름다운 자연의 조화를 결코 잊을 수 없다. 비행기에서 본 경치에 내가 가장 매료되었던 때는 5년전 스위스 항공을 타고 쮜리히에서 봄베이로 오는 도중 오스트리아 알프스의 비경에 취했을 때 였다. 그 가을날 알프스의 하이얀 영봉들이 햇빛에 반사되어 찬란히 빛나고 그 밑에 초록의 빛깔이 들러리를 서던 장엄한 광경이었다.

그러나 파나이 섬의 비경은 그것을 능가하고도 남을 정도로 인상적이었다. 비행기가 에메랄드 빛 바다에서 초록빛 섬으로 진입하니 수십개의 나지막한 산 봉우리들이 마치 춤추는 것처럼 현란하게 우리를 맞는 것이 아닌가, 꼭 열병식을 위해 서 있다가 잠시 휴식을 취하며 가벼운 동작을 취하고 있는 군인들 같았다. 야자나무의 행렬이 산의 높낮이에 리듬을 맞추면 전개되며 전형적인 밀림형태를 이루고 있었다. 일로일로라는 지역으로 대표되는 강원도만한 크기의 파나이 섬, 거기에는 자연의 경치보다 더 아름다운 감동을 자아내는 많은 사건들이 우리를 기다리고 있었다.

　나는 꿈나무 봉사대가 출진했던 8개 지역 중 일로일로 팀을 선택하는데 조금도 주저함이 없었다. 그것은 5기 봉사단의 사역보고 중 가장 인상 깊었던 지역이었기에 정말 사모하는 마음이 있었다. 이미 도착해 있던 일로일로 팀보다 사흘 늦게 시작된 행군은 세부섬으로 이동할 때까지 엿새동안 진행되었다.

　일로일로 시 외곽 산미가엘에 있는 '본부교회'에서 첫날 여정을 풀고 근처 한 개척교회에서 이미 시작된 치과 사역지를 잠깐 돌아보았다. 그 교회에서 팀들과 반가운 해우의 시간을 갖고 같이 기도한 후 본부교회로 돌아와 저녁식사를 했는데 한마디로 진수성찬이었다. 각종 과일과 해산물들을 포함한 식사로 사랑의 봉사단을 다니며 해본 식사 중 최고의 만찬이었다. 놀라운 일은 가는 곳마다 똑 같은 일이 계속 벌어졌다는 사실이다. 거기에는 사연이 있었는데 작년에 팀이 왔을 때 방문해서 봉사했던 개척교회들이 돈이 없어 아무런 식사준비를 못해 같이 굶은 적이 많았다고 한다. 그래서 올해엔 선교사님이 미리 식사비를 나눠주고 각 교회에서 식사를 준비하도록 조처한 결과로 풍성한 식사를 즐길 수 있었던 것이다. 잘 먹으면서 최상의 컨디션으로 봉사하는 것이 이처럼 좋을 줄이야…….

둘째 날, 안티끼 시발롬 지역으로 이동하는데 이동하는 도중 '야자숲교회'에서 간단한 아침식사를 대접받고 시발롬 읍내 마을교회에서 주일예배를 드렸다. 이어서 안티끼 신학교에서 점심을 먹고 사역준비에 들어갔는데 여기는 비가 새는 전통가옥 한 채를 신학교 강의실 겸 식당을 사용하고 있었다. 돈이 없어 공사하다 중단한 벽돌집 한 채 (교장 사택겸 사무실)와 기숙사로는 전통가옥 1채가 신학교의 전부였다. 교장선생님의 서민적 체취가 인상적이었으며 신학생들은 매우 어려운 형편에서 오직 주님만을 바라보며 공부하고 있었다. 신학생들이 벽돌집 공사를 위해 굶으면서 일을 했지만 결국 돈이 없어 중단되었다는 눈물겨운 이야기를 들으면서 아이들이 즉석 헌금을 했다. 우리에게 얼마 안되는 200달러 정도로 벽돌집은 물론 강의실 신축이 가능하다고 해서 헌금하는 우리에게 큰 기쁨이 되었다. 안티끼 지역에 새로운 복음의 역사를 일으킬 미래의 영적 지도자를 키우는 비밀한 산실이 되기를 기도했다.

그날 오후에는 신학교에서 의과 및 치과 진료를 했고 저녁에는 시발롬 마을에서 전도집회를 했다. 꿈나무들의 찬양과 율동, 그리고 갑자기 부탁을 받은 내가 서툰 영어로 간증설교를 했고 이어 인형극 공연이 있었다. 천여명쯤 될까 이 마을이 생긴 이래 최대인파가 몰

렸고 반응도 매우 좋은 것 같았다. 설교를 들은 마을 사람들은 나에게 닥터 닥터하며 친근감을 표시했다.

필리핀은 카톨릭국가로 알려져 있지만 실제로 성당에 다니는 수는 전국민의 7%밖에 안된다고 한다. 이제 형식만 남아 종교화된 카톨릭에 소망이 없다는 것을 그들이 깨닫는 것은 당연한 귀결이 아닐 수 없다. 그래서 이들은 깊은 영적 갈증을 가지고 있었다. 순박한 이들은 살아있는 말씀에 굶주려 있었다. 1950년 한국전쟁 때 우리를 도와준 우방 중 우방. 그때 800불이었던 국민소득이 46년이 지난 지금 1,000불이라고 하니 마르코스 독재정권이 남긴 폐해가 얼마나 큰지를 알 수 있었다. 이제 개신교인인 라모스 대통령을 중심으로 필리핀 비젼 2000이라는 국가 목표를 세우고 달려가는 이들, 영적부흥과 경제부흥을 동시에 달성했던 한국적 모델을 따라올 수 있을 것인가?

셋째 날은 아띠족이라는 미전도종족이 사는 안티끼의 바닷가 마을을 방문했다. 이들은 본래 필리핀의 원주민 중 하나였지만 지금은 소수부족으로 전락해 국가에서 보호받는 처지에 있었다. 이들을 위해 기도하던 중 서 태원 선교사님이 운영하는 목회자 훈련원 출신의 목사님이 스스로 자원하여 이곳에 복음을 전하게 되었다고 한다. 10인용 미니버스에 30명의 단원과 의료장비, 약품, 기타 사역을 위

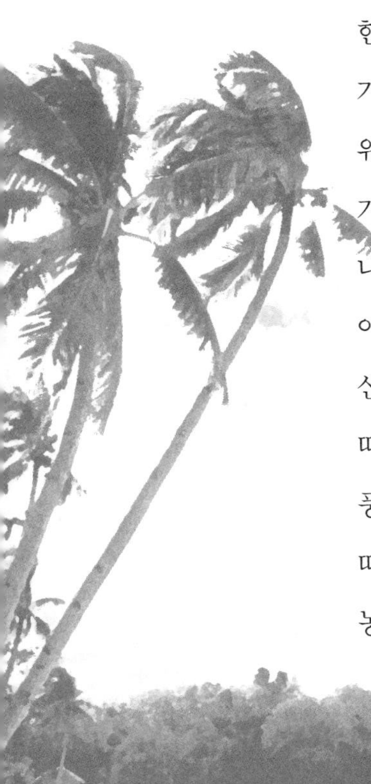

한 짐을 실은 버스가 아띠족을 찾아가는 길은 기쁨으로 충만했다. 우리 단원들은 버스 지붕 위에 타는 것을 좋아해서 본의 아니게 2층버스가 되기도 했다. 우리는 주로 그렇게 다녔다. 나중에는 서로가 지붕위에 타기를 원해 경쟁률이 치열하기도 했다. 울퉁불퉁한 길이나 험한 산길일수록 더 신바람 나는 아이들, 해안선을 따라 아띠족 찾아가는 길은 전형적인 아열대 풍경을 연출해 냈다. 야자나무숲과 해안선을 따라 자리잡은 전통가옥과 가끔 손을 흔드는 농부들과 학교 가는 아이들…….

어릴적 꿈에 아스라이 그러던 바닷가의 가난한 마을이었다. 버스가 들어갈 수 없어 모든 짐을 모래 뻘을 통과해서 옮겨야 하는 어려움도 있었다. 그리고 비교적 까무잡잡한 가난한 족속들은 대부분이 카톨릭 신자인 필리핀 사람들의 논을 경작하는 소작인으로 겨우겨우 살아간다고 했다. 그러니 복음을 받아들이는데도 이들의 눈치를 보지 않을 수 없는 고통이 있는 이들, 이윽고 푸르름이 찬란한 해변가에서 의료진료와 인형극, 어린이 사역이 시작되었다. 그리고 아띠족 교회를 세워주자는 형제 자매들의 고사리같은 뜻을 모아 벽돌 200장과 시멘트로 예배당 건축에 들어갔다. 우리 꿈나무들에 의해 미전도 족속인 아띠족에 최초로 예배당이 세워지는 역사가 일어난 것이다. '오 주님, 이들을 축복하소서!' 공사중인 예배당 터에서 축복송을 부르며 하루 봉사로는 너무 짧은 일정이지만 아띠족과 아쉬운 이별을 했다.

다시 내륙교회로 이동하여 그곳 성도들의 간절한 요청에 의해 예기치 않은 야밤진료를 강행했다. 진료 중에 잠깐 나온 교회 앞 숲속에는 크리스마스 츄리를 장식한 꼬마 등처럼 반딧불이 온통 거대한 버드나무숲을 밝게 장식하고 있었다. 우리에게는 선택이 없었다. 오직 섬김과 사랑의 실천이 있을 뿐 지칠 대로 지친 몸을 이끌고 계속 봉사를 해준 어린 단원들의 기백에 감탄을 했다. 다음날 새벽 버스는 본부교회인 산미가엘로 향했다.

넷째 날은 휴식을 취하는 날이었다. 우리는 파나이 섬 앞에 있는 귀마라스 섬으로 피크닉을 갔다. 제주도의 절반만한 섬인데 망고나무의 멋진 배열이 인상에 남는 아름다운 섬이었다. 그러나 단순한 피크닉이 아니고 섬에 있는 두 교회를 방문하여 성도들과 교제하며 기도를 나누는 의미 있는 시간을 가졌다. 특히 섬 꼭대기에 있는 오지교회는 전통가옥식으로 열댓명이 들어갈 공간이 있는 초미니 교회였다. 어디서나 개척교회는 감동을 준다. 감동은 항상 가난한 심령으로 기도하게끔 만든다. 이어 우리는 해변가 방갈로로 갔는데 정말 환상적인 곳이었다. 아직 미개발지이면서 이토록 아름다운 곳이 있다니……. 다들 환호성을 지르며 바다로 뛰어든다.

산호섬의 신비는 바다색깔에 있다. 연정색과 녹색의 딱 중간에 서 있는 색. 그리고 하얀 모래사장, 푸르른 하늘빛의 조화 그리고 작열하는 태양 나만이 아는 곳이 있다는 기쁨, 갑자기 부자가 된 기분이었다. 섬기는 삶의 기쁨과 아울러 휴식을 주시는 하나님, 노동의 땀 다음에 오는 안식은 그 빛이 황금빛일 수밖에 없다. '여호와는 나의 목자시니 내가 부족함이 없으리로다. 그가 나를 푸른 초장에 누이시며 쉴만한 물가로 인도하시는도다' 는 시편 23편고백이 절로 나올 수밖에 없었다.

다섯째 날 선교사님이 공산 게릴라의 출현에 의해 순교당할 뻔했다는 산간마을 교회로 진료 및 농업 어린이 사역 인형극 사역을 떠났다. 전형적인 산촌마을, 뜨거운 햇볕에 지친 숨결로 진료를 시작한 지 이십분쯤 되었을까, 억수같이 쏟아지는 비로 순식간에 쾌적한 환경으로 바뀌는 역사가 일어났다. 미처 하지 못한 기도까지 응답하시는 주님 '여호와를 기뻐하라 저가 네 마음의 소원을 이루어 주시리로다, 너희는 먼저 그의 나라와 그의 의를 구하라 그리하면 이 모든 것을 너희에게 더하시리라' 는 약속의 말씀이 실감나는 순간이었다.

문제는 전통가옥인 예배당에 비가 샌다는 것이었다. 새는 비를 맞으며 진료는 계속되었고 벼베기 나간 형제 자매들은 물에 빠진 생쥐처럼 되었다. 밤늦게 저녁집회와 인형극이 끝나고 호롱불을 길잡이 삼아 그 산골을 내려왔다. 조그만 개울이 억수같은 비로 순식간에 강이 되어 미리 버스를 내려 보냈기에 산길 행군에 이어 개울주변의 개펄 행군이 감행되었다. 미끄러지고 넘어지는 진풍경 속에서 서로가 돕고 섬기는 그 하나됨의 환희…….

여섯째 날은 우리 순회 진료팀이 일로일로를 떠나 세부섬으로 가야했기에 아쉬운 작별을 했으나 일로일로 팀의 사역은 계속되었다. 한 마디로 원더풀 스케줄이었다. 닷새동안의 아름다운 여정을 마련하신 분은 서 태원 선교사님이다. 가는 곳마다 순박하고 겸손하고 열정있는 목사님들, 그리고 성도들, 이것은 치밀한 준비를 했다는 단순한 행적적인 차원의 이야기가 아니다. 그것은 한사람의 성숙한 인격에 관한 이야기이다.

서 태원 선교사님, 나는 현지인 목회자들에게 그토록 깊은 존경을 받고 있는 선교사를 본 적이 없다. 그들은 모두가 목회자 훈련원 출신으로 그의 제자들이면서도 한결같이 그가 매우 겸손하다고 입을 모았다. 선교사의 권위와 물질에 의한 흡입력이 아니라 품성과 사랑과 섬김에 의한 공동체적 하나됨을 느낄 수 있었다. 모두가 섬김을 받고 있다는 사실에 깊은 자긍심을 가지고 있었다. 이들은 감상적인 차원에 머무르지 않고 힘을 조직화하기 시작했다. 벌써 수십 명의 목회자가 그곳을 거쳐가 지금은 파나이 섬의 400만 주민을 복음화하기위한 구체적인 전략에 들어간 것이다. 일단 2000년까지 200교회를 개척하는 것을 시작으로 자체 선교사를 훈련하는 단계에 까지 목표를 세워 기도하고 있다.

복음의 황금어장인 필리핀, 앞으로 10년안에 크리스찬의 수가 15%에 도달하면 선교의 도움없이 자체적인 힘으로 필리핀을 복음화할 수 있다고 전망하며 기뻐하는 선교사님, 앞으로 10년이 필리핀으로서는 복음화와 경제부흥의 절대 절명의 찬스이며 집중적인 지원을 해야할 시기라고 힘주어 강조하신다.

현지 복음화는 현지인의 손으로라는 명제를 가장 잘 실천하고

계시는 선교사님, 나는 선교사님을 뵈면서 주님 닮은 인격의 위대한
능력과 겸손의 아름다움을 깊이 체득할 수 있었다. 군림하는 선교가
아닌 세워주는 선교, 처음부터 끝까지 조연으로 남아 오직 섬김과
사랑으로 일관된 선교, 목회자 훈련원 출신의 목사님의 사례비는 우
리 돈으로 결혼하신 분이 삼 만원 미혼이 만 오천원이라고 한다. 그
러나 대부분의 교회에서는 그 목표액에 미달되어 결혼하신 목사님
도 만 팔천원정도로 생활하신다는 말을 들었을 때 깊은 충격을 느꼈
다. 자기 민족의 복음화를 위해 밤낮없이 뛰는 이들이 그토록 어려
운 경제적 고통에 시달리고 있다니, 한국의 성도들은 돈을 어디에
썼는가를 심판받을 날이 반드시 올 것이다. 한국교회들은 헌금을 어
떻게 사용했는가에 따라 심판받을 날이 올 것이라는 생각을 감히 해
본다.

나는 선교사 훈련을 하기에는 일로일로처럼 적합한 곳이 없다는
확신이 들었다. 사실 선교훈련의 핵심은 이론이 아니라 실천적 모델
이다. 그래서 이곳에 6개월 동안 한국인 선교사를 훈련할 수련원
(국제선교 사관학교)을 세우기로 선교사님과 합의를 보았다.

우선 이곳은 영어권이라 언어를 배우기에 적합하다. 그리고 일
로일로에는 7개의 종합대학과 수많은 학교가 있는 교육도시이다.

그리고 목회자 훈련원 출신의 목사님이 개척한 많은 교회들이 그물처럼 퍼져있다. 그래서 오전에는 영어를 집중적으로 배우고 오후에는 캠퍼스에서 배운 영어로 전도를 하고 밤에는 개척교회에서 영어설교를 하고 전도한 학생들을 교회로 연결시켜 제자훈련을 시키고 주말에는 아름다운 퀴마라스 섬에서 휴식을 취하고 선교의 산 모델이신 선교사님의 인격과 신앙을 본받고 이렇게 딱 들어맞는 환경이 있을까, 한국선교사를 훈련하기에 금상첨화의 조건이 아닐까? 마지막으로 외치고 싶은 한마디가 있다. 겸손의 아름다움을 아십니까? 그 풍성한 열매를 아십니까?

선교사관학교 운영 및 추진 계획

왜 선교사관학교가 필요한가?

A. 훈련에 대한 성경적 견해

훈련은 그리스도께서 우리에게 주신 위대한 임무인 영혼을 구원하는데 필요한 것이다. 그리스도께서 주신 위대한 임무의 과정은 제자를 만드는 것이다. 제자를 만들려면 훈련이 필요하다. 예수님께서도 삼년동안 열두제자들을 훈련시키셨다. 또한 그리스도의 제자들을 능력 있고 마귀와 싸워 이길 수 있도록 훈련시키셨다. 간단하게 말하면 훈련은 생명을 구원하고 제자를 만들기 위해 필요하며, 영적인 싸움터에서 승리 할 수 있도록 하며 효과적이고 결실이 풍성한 그리스도의 위대한 삶을 살도록 하는 것이다.(마 28:18-20, 고전 9:25, 딤후 3:16-17)

B.피선교지에서 선교하는 교회로의 성장

여기 필리핀 중부 비사얀 지역의 한국 선교의 성장은 상당히 빠

르고 급진적으로 부흥되고 있다. 특히 일로일로 목회자훈련원(PTI) 을 통해 배출된 233명 가운데 아가페국제선교회(Agape Christian International Ministries Incorporated)로 가입되어 활동하고 있는 80여 교회들은 해외 선교사를 돕기 위한 기도운동이 확산되고 있다. 비록 물질적으로 매우 힘든 상황 속에 자립이 되지 못하는 지역교회들이지만 선교를 위한 진실과 열정으로 가득 차 있는 모습들이다.

실제로 어떤 교회들은 전주 안디옥 교회를 본받기 위해 교회재정의 50% 이상을 선교비로 쓰고자 하는 열정이 있다. 우리 P.T.I 제 7기 출신인 토니 칸하헤 목사(그레이트 하베스트 교회 시무)는 매월 첫째 주일 교회헌금 전부를 캄보디아 선교를 위해 헌금하고 온 가족이 한 주간 금식을 각오하는 선교에 대한 순수한 열정과 헌신을 보면서 선교사로써 많은 도전과 감동을 받고 있다. 이러한 선교의 모습들은 선교 훈련생들에게 귀한 도전과 선교사역에 중요한 방향성을 갖게 할 것이라고 생각된다.

C. 동남아 선교의 교두보로써의 필리핀 교회의 역활

또한 필리핀은 동남아 선교에 있어서 중요한 교두보 역할을 담당하게 될 것이다. 이미 잘 알려져 있는 바와 같이 미국 다음으로 영어를 많이 쓰는 나라가 바로 필리핀이다. 그러므로 선교지인 동남아지역 어느 곳에서나 자유롭게 영어를 통해 그 지방 언어를 구사하는데 상당한 장점을 가지고 있는 셈이다.

뿐만 아니라 필리핀인들은 동양사람이지만 서양문화를 잘 이해하며 적응하는 특징을 지니고 있다. 왜냐하면 약 360년간 스페인과 약 60년간 미국의 식민지 생활을 통해 서양문화를 접해 왔기 때문이다. 이러한 점으로 미루어 보아 동남아 선교를 위한 교두보 역할을 충분히 감당하는데 중요한 위치에서 그 역할이 기대되고 있는 것이다.

D. 한국인들이 선교훈련을 받기에 유익함

이곳은 위치적으로 우리나라와 비교적 가까우므로 왕래가 쉬울 뿐 아니라 역사적으로 우리 한국과 매우 우방국이다. 예컨대 6.25 동란 때에 16개국 가운데 가장 먼저 건너와서 피를 흘려준 나라 이기도하다.

또한 경제적으로 매우 낙후되어 있어서 물가가 비교적 싼 편이며 사람들도 매우 친절하며 우호적인 장점도 지니고 있다. 그래서 우리가 복음을 전할 때에 매우 진지하게 말씀을 받는 것을 보게 된다. 여기서 우리는 복음전도의 길이 확 열려 있는 복음의 황금어장과 같다는 느낌을 가진다.

이러한 점에서 우리 한국인이 직접 선교하면서 이들이 지니고 있는 동서양 문화가 교차되는 장점들을 통해 선교사로 훈련 받기에 가장 적합한 곳 이라고 해도 과언이 아니다.

필리핀 2010의 비젼

십자가에서 쏟으신 예수 그리스도의 피 위에 하나님의 교회가 세워졌듯이, 한국교회도 순교자들의 피 위에 세워졌다. 그리고 이제 그 견고한 기초 위에 선 한국교회는 드디어 세계를 향하여 복음을 들고 나아가며 복음의 열매들을 거두고 있다. 과거 선교사로부터 도움을 받는 교회에서 이제는 도움을 주는 교회들로 거듭나게 되었고, 4만여 개신 교회 1,200만의 성도의 전력으로 8,000명 이상의 선교사들을 타문화권에 파송하게 되었다.

지난 1989년 바울선교회 제6기로 훈련을 받았고 백합선교회의 파송을 받아 1990년 3월 필리핀, 선교 현지에 도착한 이후 현재까지 약 15년 정도 사역을 계속하였다. 그 동안 추진해온 사역의 내용은 앞서 언급한 바와 같이 주로 교회개척과 목회자 훈련원 및 신학교를 비롯하여 유치원과 캠퍼스 그리고 교도소 사역을 해왔다.

선교 사역지는 필리핀 중부지방 일로일로 파나이 섬으로써 인구

약 350만 명이 살고 있는 우리나라 강원도 크기 만한 섬이다. 그곳에서 주님의 피로 값 주고 사신 교회를 개척하는 일을 주로 하면서 각종 사역에 최선을 다하고 있다. 그 결과로 크고 작은 선교의 열매를 거둘 수 있도록 하신 살아계신 하나님께와 고국에서 끊임없는 기도와 향기로운 물질로 후원하여 주신 여러 선교 동역자님들의 기도의 응답이요, 사랑의 결과로 믿으며 주님의 이름으로 그동안 베풀어 주신 은혜에 깊은 감사를 드린다.

이제 선교 제 1,2,3기(Term)를 마무리하면서 선교 제 4기(Term)를 준비하고 있는 이 시점에서 그동안 현지에서 경험하며 채득된 지식들을 바탕으로 다음 사역의 비젼들을 나누고자 한다.

희어져 추수할 것이 많지만 여전히 추수할 일꾼이 부족한 선교 현장인 필리핀의 복음화를 위해, 이 땅의 새벽을 깨우는, "Philippines 2010"의 비젼은 이제까지 우리를 인도하신 하나님의 능력의 도우심으로 2010년까지 우리가 달려가야 할 선교 사역의 목표들이다. 먼저 구원의 방주인 주님의 교회를 적어도 5만교회 이상을 개척한다는 각오로 신학교(ACCOT)와 목회자훈련원(PTI)사역과 교회 개척에 매진하고 있다.

그리고 필리핀 내 성도의 수가 전 인구의 15%이상인 1,000만 명을 목표로 하여 이곳 동료 선교사들과 현지인 목회자들과 온 성도들이 힘을 합하여 잃어버린 영혼을 구원하는 일에 총력을 기울일 것이다. 뿐만 아니라 이 목표 달성을 가능케 하기 위하여 유치원, 캠퍼스 그리고 교도소 사역 등에 주력하고자 한다.

특별히 이런 영적인 추수를 위해 추수할 일꾼 곧, 신학생들을 배출시켜야 한다고 본다. 한국 교회 부흥이 신학교를 통해 일어났듯이 선교지에서도 선지학교가 이곳, 저곳에 세워져야 한다. 감사하게도 지금 필리핀에는 신학교가 계속해서 세워지고 있다.

비록 얼마 되지 않은 기간이었지만 그간의 선교 사역을 통해 얻은 경험을 통해 세운 선교전략은 포괄적인 의미에서 '현지 목회자 양성'이라고 생각된다. 일꾼을 키우지 않고 교회를 개척하게 되면 정작 그 교회를 담당하며 사역할 목회자를 구하지 못하게 된다. 건물보다 더 중요한 것은 사람이며, 지도자를 양성하고 훈련하는 것보다 더 중요한 일이 없음을 깨닫게 되었다.

경험으로 미루어 보아 신학교 설립은 선교사가 속한 교단이나 선교단체의 선교를 위한 기초요, 발판이 된다고 믿기 때문이다. 그리고 신학교를 졸업한 현지인 목회자들이 교회를 개척하고 또한 개척된 교회가 모교회가 되면서 지교회를 개척해 나아가기 때문이다.

그때에 필요한 것은 이 개척교회 목회자들을 비롯한 기존 교회의 목회자들에게 연장 교육의 일환으로 '목회자 훈련원 (Pastor's

Training Institute)'을 세워서 지속적인 관계 속에서 목회현장에 필요한 영적인 부분과 이들의 목회에 필요한 것들을 공급할 수 있도록 훈련의 장을 마련해 주어야 한다고 본다.

이렇게 되어질 때 주님의 교회가 도시뿐만 아니라 산간벽지나 낙도 특히 수많은 이곳 산호섬에 세워지게 될 것이며, 세워진 교회들이 말씀위에 튼튼히 서가고 성령의 권능으로 성장하는 초대교회처럼 될 줄로 확신하는 것이다.

만약 우리가 사람을 키우지 않고 교단 선교를 한다든가 선교단체를 세워 간다면 영적인 추수 법칙에도 잘 맞지 않은 일이라고 생각된다. 즉 '심지도 않은데서 그 열매를 거둘 수 없듯이' 인재를 양성하지 않고서 기존 소속된 교단이나 선교단체의 사람을 통해 개척교회를 세울 경우 거기에는 보이지 않는 갈등이 산재되어 서로 간에 관계가 어려워지면 그것이 표면적으로 들어나 갈등속에서 사역하게 되는 경우가 많이 생기는 것이다.

이러한 측면에서 하나님의 사람, 하나님 나라를 건설하는데 우리와 동역하기에 합당한 사람으로 즉, 주님이 쓰기에 합당한 사람으로 양육 하는 것이 우선되어야 한다. 물론 우리가 우리의 것을 주장하지 않고 무조건적으로 현지에 선교단체나 교단에서 요구하는 방법으로 따라간다면 이러한 문제는 없을 것이다.

그러나 서로간의 의견 대립이나 교리 문제로 논쟁이 되어질 경우 역시 많은 어려움이 닥쳐옴으로 인하여 선교의 위기를 맞이하게 되는 것을 극복하는 견지에서도 우리 한국교단이나 선교단체 차원에서 신학교 설립이 절대적으로 필요하다고 본다.

주님께서 지상 최후의 명령으로 "너희가 가서 모든 족속으로 제자를 삼으라(마 28:19-20)"고 하셨는데 여기에서 제자를 삼는 것은 곳 신학교를 세워 하나님의 일꾼을 양육하는 것이 포함되어 진다고 본다. 뿐만 아니라 "가르쳐 지키게 하는" 사역 곧 목회자 훈련원을 통해 목회자의 연장 교육이 동시에 이루어져야 할 것이다.

2000년대는 어쩌면 선교의 마지막 세기일지도 모른다. 지금 우리 한국은 자타에 의해 그 마지막 코스를 달리는 세계 선교 2000년 주자로 지명되고 있다. 이런 의미에서 "PHILIPPINES 2010"을 선교의 비젼으로 제시하며 훈련되어진 목회자들을 지역 선교사와 해외 선교사로 파송하여 계속적으로 교회를 개척하여 굳게 하고 유치원, 캠퍼스, 교도소 사역들을 통해 주님의 나라를 이 땅위에 확장해 나가는데 혼신의 노력을 다 하고자 한다.

우리의 선배 선교사 바울의 선교전략과 활동에서 보듯이 그는 가는 곳마다 하나님의 교회를 세워서 훈련된 사람들로 하여금 그 교회를 세울 수 있도록 지역교회를 굳건히 하며 그 지역 복음화에 힘쓰도록 한 것을 볼 수 있다.

잃어버린 필리핀의 영혼들을 향한 주님의 눈과 심장으로 영적인 추수 밭을 바라보면서 푸르고 푸른 그리스도의 계절, 성령의 계절이 우리들의 선교지 필리핀에 속히 올 수 있도록 고국에 계신 여러 선교 동역자님들에게 간절한 기도와 계속적인 성원을 부탁드린다. 지금 이곳 필리핀에는 새벽마다 두 시간 이상씩 기도하는 주님의 종들이 여기저기서 새벽을 깨우고 있다. 개척된 여러 교회들 가운데 은혜 받은 성도님들이 훈련된 목회자님의 본을 받아 필리핀의 영적인 새벽을 깨우고 있다.

참으로 소망스런 일이 아닐 수 없다. 비록 굶주리고 헐벗은 가운데 목회하고 있는 그들의 눈물겨운 목회현장이지만 필리핀 복음화의 기수가 되고 썩어지는 밀알들이 되어 지금도 눈물과 땀과 피를 흘리고 있다.

뿐만 아니라 그동안 이곳 일로일로 목회자 훈련원을 졸업하고 연장교육 프로그램으로 우리 한국을 방문하고 돌아온 233명의 헌신된 현지인 목회자들이 주님의 몸된 교회의 부흥과 성장을 위해 복음을 증거 하면서 말씀을 가르치며 충성하는 모습을 볼 때에 분명 "PHILIPPPINES 2010"이 점점 눈앞에 다가오고 있음을 강하게 느끼게 된다.

단기선교팀의 선교훈련소(선교사관학교)

앞서 황 성주 박사님이 설명해 주었듯이 이 곳은 단기 사역자들을 훈련하기에도 아주 접합하다. 영어권이기 때문에 어학에 관한 훈련이 가능하며, 이미 훈련된 현지 목사님들을 통해서 현지 교회를 중심으로 한 사역의 훈련이 가능하며, 교도소 사역과 캠퍼스 집회와 개인전도사역, 미전도종족 사역, 교회 개척 사역 등 다양한 사역들을 경험하며 훈련할 수 있게 된다.

뿐만 아니라, 아름다운 자연 경관은 잠시 나마의 휴식일 망정 기쁨을 더하게 하며, 신학생들과 목회자들을 훈련하는 과정을 통해서 지도자들을 어떻게 훈련시켜가야 할 것인가에 대한 안목도 배우게 된다.

현지 사역자들을 훈련시켜 선교사로 파송하는 사역은 아주 중요한 사역이다. 또한 한국 단기 사역자들에게 선교에 대해 바르게 이해시키며 선교사로서 헌신하도록 동원하고 훈련하는 일 역시 중요한 일일 것이다. 이제까지 많은 단기 선교팀들의 훈련을 지원하고 협력했듯이 앞으로도 이 사역은 우리의 중요한 사역의 하나로 자리 잡게 될 것이다.

사랑하는 나의 가족들

지금까지 사역해 오는 동안 가족들이 함께 하지 않았다면 우리는 사역을 할 수 없었을 것이다. 여전히 나의 가족들은 가장 중요한 사역자이며, 협력자이다. 글을 쓰면서 우리 사역에 함께 해온 아내 김 미화 선교사에게 특별한 감사의 마음을 전하고 싶다. 김 선교사는 거의 매일 새벽 2시 30분에 기상하여 3시부터 5시까지 기도하다가 온 성도님들과 함께 새벽기도회에 참여하고 있다.

기도가 일을 한다고 늘 강조하고 있는 김 선교사는 남편이 너무 사역에 바쁘기 때문에 내가 한 시간 더 남편을 위해 기도한다고 말한다. 그렇다. 기도는 선교의 원동력이며 선교의 불을 지피는 촉매와 같은 것이기에 필리핀과 아시아의 영적 새벽을 깨우며 오늘도 기도의 무릎으로 주님께 나아간다.

또한 선교지에 세워진 100여개의 개척교회들 가운데 아직까지도 전기가 없는 곳이 대부분이므로 전기 없이 사용할 수 있는 악기들인 바이올린, 풀룻, 섹스폰 등을 연주하며 동역하고 있음을 인하여 하나님께 감사드린다.

목회자훈련원이 위치한 산 미카엘과 미전도 종족이 살고 있는 안티끼 지역으로 왕복 6시간이상씩 차량으로 움직여야 하는 장거리 운전을 비록 너무 빨리 차를 몰 때는 불안한 맘도 들지만 고마운 마음이 늘 앞선다. 선교지를 방문한 목사님들은 김 선교사의 적극적이며 열정적인 성격을 보고 김 선교사를 가리켜 치마만 둘렀지 남자라고 하기도 한다. 이러한 아내의 성격은 보완이 되어 사역에 더 큰 힘이 되고 있다.

두 딸 지혜와 은혜는 우리 가족이 선교지로 떠나 올 때는 한국의 초등학교에 들어 가보지도 못한 어린 나이였다. 그러나 아이들은 이곳 선교지에서 자라나서 공부하며 선교를 도우며 함께 동역하고 있음을 인하여 주님께 감사드린다. 지혜는 찬양의 은사를 통해 찬양과 경배의 시간에 찬양을 인도하며 피아노와 올겐 반주로 섬기고 있는데 금년 3월에 한동대에 입학하게 된다.

한국을 떠나 올 때엔 4살이었던 은혜는 선교지 도착 후 한국 텔레비전을 사달라고 졸라대었다. 왜냐하면 필리핀에서 나오는 모든 프로그램이 영어와 따갈로그어가 나오자, 말을 알아들을 수 없었던 은혜는 한국 TV를 사면 한국 프로그램을 볼 수 있다고 생각했었던 것이다. 한국 텔레비전을 사달라고 조르던 아이가 어느덧 이곳의 대학생이 되었다.

모든 선교사의 자녀들이 그렇듯이 내 아이들은 부모가 하나님의 사역을 하기에 어려서 이들이 누려야할 행복이 제한되기도 했고, 때로는 부모로 인해 받지 않아도 될 선교적인 고통을 받기도 했다.

은혜는 선교사의 자녀로서 갖는 문화적인 갈등으로 정신적인 고통을 많이 받았다. 아이가 처음 이곳에 왔을 땐 너무나 어렸다. 은혜는 현지 학교를 다니면서 현지인들과 함께 친구로서 살아왔다. 한국을 그리워하며, 한국인들과 함께 친구하기를 원했지만 현실적으로 그렇게 되지 못했다.

아이가 사춘기에 접어들면서 아이에게 민족에 대한 그리고 자신의 정체성에 혼란이 오기 시작했다. 어릴 때부터 필리핀에서 자랐기에 현지인들과 완전한 친구라고 생각했던 은혜가 어느 날, 친구들로부터 필리핀 사람과 한국 사람이라는 차별적인 대우를 받게 되었다. 민감한 시기에 그러한 정신적인 충격은 아이에게 정서적인 혼란을 가져왔다.

그후 은혜는 많은 고통의 시간을 보내야 했고, 지금도 의료인들의 도움을 받아 정서적인 치료를 받고 있다. 아이들은 어려움이 있었지만 고국에 계신 후원 성도님들의 기도와 하나님의 은혜로 잘 자라 주었다. 이들 역시 선교사로서 하나님의 선한 사업을 담당하고자 하는 열망을 주신 하나님께 깊이 감사드린다.

나의 가장 소중한 가족들의 기도와 사랑이 없었다면 선교의 열매도 없었을 것이다. 다음은 김미화 선교사의 일기 중 몇 개를 옮겨 보았다.

 아내의 일기

변함없이 오늘도 뜨거운 태양빛은 내리 쬐는데 큰 거리에서, 작은 골목에서 해지다 못해 속살까지 다 보이는 누더기 옷을 입고 먹을 것을 찾아 사람들의 따가운 시선을 받으며, 하루 이틀도 아니고 매일같이 이곳, 저곳을 방황하는 형제들이 있다. 이들을 목격할 때마다 안쓰럽고 불쌍하다는 생각은 많이 해왔건만……. 지난 세월 동안 저들을 내가 돌봐줘야 한다는 주님의 음성을 들었음에도 불구하고 계속 미루고 외면해왔던 이 순간에 최 일도 목사님의 아름다운 세상 찾기 책을 읽고 나서 용기를 얻으며 저들을 돌봐야 함에도 행동에 옮기지 못했음이 양심의 가책을 느낀다.

나 같은 죄인을 살리신 주님은 지금 이순간도 "내 이웃을 내 몸과 같이 사랑하라"고 하신다. 강도 만난 사람을 그냥 지나쳐 온 사람처럼 과연 나는 현대판 서기관과 바리새인임에 틀림없다. 오 주님 용서 하소서! 저들을 도울 수 있도록 열어주소서! (1998.9.8)

아침, 저녁으로 제법 쌀쌀할 때도 있지만 여전히 햇볕이 쬐이면 더워서 땀이 흐른다. G.V.C 교인 중에 집사님 딸이 암으로 고생하다가 세상을 떠나셨는데 방문을 하고 기도하면서 위로하고 복음을 전했다. 또 한 가정에는 5개월 된 꼬마가 백혈병으로 병원에 입원해 있는데 찾아가서 기도하고 주님을 잘 믿고 따르라고 격려하고 돌아왔다. 한동안 교회도 잘 나오고 열심이었는데 교회 출석하는 시간이 뜸했었는데 이번 기회를 통해서 주님과 더 가까이 동행하는 시간이었으면 하는 바램이다.

하나님께서 독생자 예수 그리스도를 희생 제물로 드리기까지 우리의 죄를 대신하여 십자가에 고귀한 생명을 바치셨는데 우리는 우리 삶 가운데서 제일 우선순위에 주님을 사랑하며 따르는가? 그렇지 못할 때가 많이 있음을 고백하며 우리 주님께서 얼마나 마음 아파하시는가를 생각하게 한다. 이번 일을 통해서 주님보다 내 아이를 더 사랑하지 않았는가? 하는 반성도 하며 자신을 돌아보는 시간이었음을 감사하게 생각한다. 결코 주님보다도 이 세상에는 더 귀한 것이 없다. "주 예수보다 더 귀한 것은 없네……." (1999.10.13)

오늘 저녁예배 설교자는 목회자 훈련원을 졸업하시고 캄보디아 선교사님이신, 가나헤 목사님이 2년 동안의 사역과 간증을 전해주셨다. 공산주의 국가인 그 나라에서 주의 복음을 들고 흔들림 없이 일하시는 모습을 보았다. 그 땅은 복음에 갈급해 있는 많은 영혼들이 방황하고 있었다. 그리고 영혼구령에 열정을 지니신 선교사님 120명에게 세례를 베풀어 주셨고, 많은 중들이 복음을 들고 돌아와 주의 종이 되고자 신학교를 가기 원했으며, 그 중에 한 사람이 캄보디아에서 선교사님과 함께 필리핀에 오셔서 간증도 하셨다.

캄보디아 사람들은 입을 옷과 음식이 모자라서 10살인 나이에도 벌거벗고 다니며, 모든 벌레들을 다 잡아 먹는단다. 심지어 작은 도마뱀까지. 거기에 비하면 필리핀은 좀 나은 환경 가운데 있지만 역시…… 열악하다.(2000.11.12)

삼일 밤 예배 후에 성도 중에 한 분이 먼저 주님 곁으로 가셨기에 교인들과 함께 예배드리러 가기로 했다. 그런데 어제부터 간간히 내리던 비가 지금도 계속 내리고 있다. 로데스 마을은 빈민촌 강가에 자리하고 있어서 비가 오면 진흙탕 길이다. 캄캄한데 차에서 내리다가 바로 발이 흙탕물에 빠지기 시작했다. 우산 들고 바이올린 들고 옷도 잡아야 하고 더듬더듬 몇 발자국 가는데 내 이름을 부르며 같은 마을에 사는 교인이 우산도 없이 비를 맞아 옷이 흠뻑 젖었는데, 마중을 나와 나를 부축해 주었다.

가난한 필리핀 사람들은 참 친절하다. 어떤 때는 이들을 섬기러 왔는데 도리어 저들이 섬겨주고 사랑해 주니 몸 둘 바를 모르겠다. 주님은 나를 위해 모욕과 고초를 받으며 십자가를 지셨는데 난 주님 때문에 환대를 받으니 죄송한 마음이 든다.

옷은 젖고, 발은 빠져서 엉망이었지만 예배를 드리고 일가친척들을 만나 위로하고 복음전하고 돌아오는 마음은 너무 기쁘고 흐뭇했다. 복음을 위해서라면 언제든지 달려가고자 준비 되어있는 열려진 마음이 대견스럽다. 이런 마음도 성령께서 주셨기에 모든 것 하나님께 영광!!(2001.10.10)

지혜의 간증

　우리 가족이 하나님의 부름을 받아 이 필리핀 땅을 밟았을 때는 1990년 3월 27일이었다. 그 후로부터 어느새 세월이 지나고 벌써 11년전의 일이 되어버린 지금 나는 지난 11년간 필리핀에서 보고, 듣고, 느끼고, 경험한 것들을 이야기하고 싶다.

　우리가 처음 필리핀에 도착했을 때 나는 일곱 살이었고, 내 동생 은혜는 다섯 살이었다. 영어 한 마디도 모르던 나는 처음 필리핀 학교 1학년에 다녔을 때 맨날 따돌림을 받았다. 매일 혼자 다녀야 했던 나는 학교에 가는 것조차 싫었다. 그러다가 어느 날 내 부모님은 필리핀 지방에 있는 일로일로로 파송을 받아 가셔야했고, 내 교육을 위하여 날 혼자 마닐라에 두고 은혜를 데리고 떠나셨다. 겨우 1학년인 어린 나이에 혼자 낯선 가족과 함께 살며 말도 잘 안 통하는 미국 학교로 가야했던 나는 매일 가족을 그리워하면서 자기 전에 눈물로 베개를 적시며 자곤 했다. 난 언어가 안 통해서 어려워 할까봐 1

학년을 다시 하라는 아빠의 권유로 Faith Academy라는 미국 선교사 자녀 학교에서 학교생활을 시작했다. 1학년 때 어느 선교사님 댁에서 지낸 나는 2학년이 되었을 때 다른 집사님 댁으로 옮겨 계속 3학년까지 마쳤다. 그동안 나는 영어를 배울 수 있었고 차츰 영어 기초를 잡아갔다.

4학년이 된 나는 부모님이 너무 그리워 일로일로에 부모님과 함께 있게 해달라고 사정을 했다. 그래서 나는 4학년이 된 그때부터 지금까지 일로일로에 있게 된 것이다. 마닐라에서 지낸 나는 필리핀 학교에 적응하는 것이 그리 어렵지 않았다. 비록 학교 수준과 교육 차이는 내가 마닐라에서 다니던 학교에 비해 많이 뒤떨어 졌지만, 가족과 함께 한다는 이유로 오히려 마닐라에 있었을 때보다 더 행복했다.

나의 사춘기 시절은 불행했다. 난 MTV에 빠져 들기 시작했고, 시간이 있을 때마다 유행가를 듣고, 부르면서 생활했다. 내 삶에는 도무지 크리스찬이라는 것은 말뿐이지 선교사 자녀이면서도 도대체 모범이 되어 보일 점은 없었다. 그런 도중에 나는 고2가 되면서(여기 필리핀은 초등학교 6학년 졸업 이후로 바로 고등학교 4학년 과정임) 차츰 변화되기 시작했다.

외국에 사는 한국 동포들은 외국인이라 따돌림 받는 경험들이 있을 거라고 믿는다. 나도 필리핀 사람들이 한국 사람들과 나를 보고 중국인이나 일본인이라고 놀리는 것이 매우 싫었다. 싫었다기보다 차라리 왜 한국에서 태어나 자라지 않고 왜 여기서 따돌림 받으며 사는지 몇 번이고 하나님께 여쭤보았는지 모른다. 그러나 지금은 사람들이 뭐라고 하던 난 상관없다. 왜냐하면 하나님은 내가 그들을 사랑할 수 있는 마음을 주셨기 때문이다. 하나님은 나의 삶을 완전히 변화시키신 분이다. 만일 하나님이 날 변화시켜주시지 않았으면 지금 내가 뭘 하고 있을지 상상할 수가 없다. 나는 오로지 하나님께 감사하고 또 감사할 따름이다. 하나님은 나에게 살 목적을 주셨고 내가 절망에 빠져있을 때 구원하여 주셨다.

난 고2 때 하나님의 손길을 받아 눈물로 회개하고 교회를 형식적으로 다니는 것이 아니라 진정으로 하나님을 더 알고, 또 사랑을 실천하려고 열심히 다니고 있다. 그 후로 난 MTV가 하나님께 영광을 돌리는 것이 아니라는 것을 깨닫고 MTV보는 것을 그만두었다. 난 방안에 가득한 가수 포스터들을 다 찢어 내어버렸으며 유명 가수들의 CD와 테이프들을 다 버렸다. 어떤 사람들은 이것들이 다 아깝다고 말할 수 있겠지만 내 생각으론 이런 것들이 하나도 아깝지 않다. 오히려 이것들이 하나님과의 교제를 망치고 있다면 그것들을 버리는 것이 낫다고 생각한다. 왜냐하면 하나님은 우리의 삶에서 첫 번째 자리를 차지하셔야할 분이시기 때문이다.

성경에도 하나님이 말씀하시기를 다른 것들을 하나님보다 더 사랑하고 중요하게 여기면 우상이 된다고 말씀하셨다. 그래서 나는 이 글을 읽고 있는 분들을 향해 이렇게 말하고 싶다. 만일 당신들이 유명 가수들과 배우들을, 남편이나 부인을, 자녀들을, 남자친구나 여자친구, 돈과 명예나 다른 것들을 하나님을 섬기는 것보다 더 중요하게 한다면 그것은 잘못된 것이다. 우리를 사랑하셔서 우리 대신 죽음의 형벌을 받고 돌아가신 하나님의 은혜를 저버리지 말고, 또한 다른 것들에 신경과 에너지를 쏟는 것보다 하나님 섬기는 것을 더 귀하게 여기는 하나님의 자녀들이 되자고…….

끝으로 나는 나중에 자라면 선교사가 되고 싶다. 내 생각으로는 그것이 세상에서 가장 훌륭하고 아름다운 직업이라고 생각한다. 왜냐하면 복음을 전하는 것이 하나님의 최후 명령이자 우리의 삶의 목표이기 때문이다.

나는 내 삶을 통하여 주님께 영광을 돌리고 싶다. 만일 하나님이 나를 그의 작은 도구로 사용하셔서 하나님의 뜻을 이루신다면 더 바랄 것이 없는 나이다. 이것은 나의 간증이자 삶의 목표이다.

저는 너무 어린 나이에 아빠를 따라 이곳에 왔습니다. 어린시절 한국에 돌아가고 싶은 마음이 너무나 많았고, 지금도 여전히 한국친구들이 없는 것이 안타깝습니다. 아이들은 저를 중국인이라고 놀리기도 했습니다. 너무 어릴 때부터 이곳에서 자라 필리핀에 대한 거부감이나 저항감은 없지만, 아이들이 저를 배척할 때마다 우리나라에 대한 생각과 나 자신에 대한 생각을 많이 해 보게 됩니다.

사춘기 시절에는 제 자신의 정체성에 대한 혼란으로 많은 방황을 겪게 되었습니다. 지금도 약간의 치료를 위해서 약을 먹고 있지만, 하나님께서는 저를 건강하게 치료해 주실 것이며, 회복시켜 주실 것을 믿습니다.

저는 여전히 한국이 그립습니다. 부모님이 선교사라는 이유 때문에 다른 한국 친구들이 자라는 것처럼 평범한 환경 속에서 자라지 못한 것에 대한 안타까움도 있습니다. 그러나 이제는 그런 생각들을 다 버렸습니다. 선교하는 일이 얼마나 귀하고 소중한 일인지 알았기 때문입니다. 부족하지만 하나님께서 저를 사용해 주신다면 저도 부모님처럼 선교사로서의 삶을 살고 싶습니다.

저는 지금 영문학을 공부하고 있습니다. 나중에 언니처럼 한국에 가서 공부도 하게 될 것이고, 일정 훈련기간이 끝나면 가난한 나라로 선교사로 가길 원합니다.

가지 많은 나무 바람 잘날 없고

목회나 사역의 절반은 인간관계에 있을 것이다. 리더십 역시 인간관계를 어떻게 다루는가에 관한 문제일 것이다. 이 지역에 온지 14년이 되었고, 200여개의 교회가 개척되다보니 관련된 현지 목회자만 해도 한 두 사람이 아니다. 때로는 한국교회에서 오신 분들이 선교지에서 분란을 일으키는 경우도 있지만, 함께 동역하는 현지 목회자들이 분란을 일으키는 경우도 빈번하다.

최근 현지 목회자들의 사모들의 질병이 많아졌다. 이들이 수술을 받아야 하고 의료 해택을 받아야 하는데 이들에게는 전혀 그런 재정적인 능력이 없다. 현지 목회자들은 의례 선교사가 모든 것을 책임져 줄 줄 생각하고 그냥 기대어 버리곤 한다.

로저 사모님의 자궁암 수술, 토니 사모님의 자궁암 수술 등, 그리고 네그로스 섬에서 사역하는 목회자 사모님은 아이를 낳다가 죽기도 했다. 이러한 일들이 있을 때 마다 이들은 선교사에게서 모든 해결책이 나오기를 기대한다.

우리 입장에서는 예상에 없던 일들이라 한국교회에 협조와 도움을 구하고 백방으로 노력해서 수술비와 병원비를 마련하고자 한다. 그런데 가끔씩 현지 목회자들 가운데는 아주 당연하다는 듯이 그리고 병원도 일인실 에어컨이 나오는 좋은 곳을 택해서 치료를 받는다. 현지인 자신들의 생활수준에서는 평생 갚기 힘든 정도의 병원비가 나오는데도 아랑곳 하지 않고 선교사에게 모든 것을 전가시킨다. 이럴 때는 동역자로서의 섭섭함을 넘어 절망감까지 생기곤 한다. 조금이라도 선교사의 상황을 이해한다면 수술비나 병원비를 적게 나오는 선에서 치료를 받을 수 있을 텐데, 마치 한국 선교사는 도깨비 방망이나 되는 듯이 생각할 때 답답함을 느낀다.

역시 문제는 돈에 있다. 현지 사역자들 중에는 한국에서 오신 분들이 책임지지도 못할 후원을 약속하고 가거나, 설교할 때는 큰 금액을 헌금할 것처럼 이야기하고 정작 헌금할 때는 상식이하의 적은 금액(그 나라 사람에게 조차도 적은 금액)을 하는 경우로 인해서 중간에서 선교사가 그 금액을 착복했다는 오해를 사게 된다.

그리고 이러한 오해는 좀처럼 가시지 않는다. 한국교회 책임자와 직접 전화 연결을 시키고 상황을 다 설명해도 이미 중간에서 착복했다고 믿는 마음은 쉽게 돌아서질 않는다. 참으로 안타깝고 절망을 느끼는 순간들이다.

한국 방문시에나 선교지에 오신 분들이 선교비를 지원하거나 선교에 사용된 비용들을 지불하는 것을 보게 될 때에도 현지인들은 자신들에게 줄 돈을 착복한다고 생각하기도 한다. 이곳뿐만 아니라, 선교지에서 현지인 사역자에게 지원을 할 경우에는 반드시 지역 선교사와 의논해서 지급하던지, 아니면 선교사를 통해서 입회하에 전달하는 것이 선교사와 그 선교지를 돕는 것임을 잊지 말았으면 한다. 이러한 크고 작은 돈에 관한 오해는 아마도 이들의 가난 때문에 오는 것일 것이며, 한국의 부에 대한 막연한 기대 때문이기도 할 것이다.

잦은 전염병들과 더운 날씨, 그리고 마땅한 숙소가 없는 이들에게 우리가 사역하는 비전교회는 지나가는 목회자들의 숙소가 된지 오래이다. 대부분 자신의 경제적인 어려움을 호소하며 상담하러 오며, 때로는 돈과 관련된 쓸때없는 오해로 선교사의 마음을 아프게 하기도 한다. 사역이 확대되며 매달 돌봐야 할 지역과 현지 목회자들이 많아지면서 가지 많은 나무에 바람 잘 날 없다는 속담처럼 분주해지고 있다. 그러나 언젠가 이들도 선교사를 파송하게되고 받는 자의 입장이 아니라 주는 자의 입장이 될 때 한국교회와 선교사를 이해하게 될 것이라고 생각한다.

"왕이시여, 제가 한 가지 예언을 해도 되겠습니까?" 선지자가 젊은 웃시아 왕 앞에 와서 말했다. "선지자여, 말씀해 보소서." 그러자 선지자가 말했다. "왕은 노년에 하나님의 제사장이 드리는 제사를 자신이 드리려고 시도할 것입니다. 그러면 왕은 하나님께 버림이 될 것입니다." 그러자 가만히 듣고 있던 웃시아 왕은 큰 소리로 웃었다. "아니, 지금 그걸 말이라고 하시오, 지금 내가 어떤 일을 하고 있는지 모르오? 난 하나님의 법도를 잘 지키고 있고, 성벽과 예루살렘 성을 증축하고 농업을 부흥시켰소, 하나님의 뜻대로 사니까, 하나님께서 우리에게 얼마나 큰 복을 주셨는지는 당신이 잘 알고 있지 않소? 그리고 나는 하나님의 법도를 누구보다도 잘 알고 있소, 제사는 제사장이 지내는 것이지 왜 왕이 그런 일을 한단 말이오, 말도 안되는 소리를 하지 마시오." 왕은 너무나 어이가 없는지 계속 웃었다. 그리고 혼잣말로 중얼거렸다. "내가 타락한다고, 말도 안돼, 말도 안돼……."

　위의 이야기는 젊은 날 하나님을 잘 섬기기에 번성했던 웃시아 왕에게 한 선지자가 가서 그의 노년을 예언했다는 가정 속에서 그가 했을 반응을 적어 보았다. 노년에 교만해져서 제사를 대신 지내려다가 문둥병이 발병하여 죽게 된 웃시아의 종말은 여러 가지로 우리게 교훈하는 바가 크다. 웃시아 자신도 그랬을 것이며, 젊은 날의 그의 모습을 본 사람들이라면 그의 종말이 그렇게 끝날 것이라고는 아무도 생각하지 않았을 것이다. 너무나 완벽하고 하나님의 복을 많이 받고 있었으며 소위 너무 잘 나가고 있는 사람에게 그런 결과가 오리라고는 아무도 생각지 못했을 것이다.

　우리는 웃시아 왕의 교훈을 잊지 말아야 한다. 처음보다도 중간보다도 마지막 끝이 아름답고 마무리가 아름다운 지도자로 남아야 한다. 이것이 나의 소망이자 나의 기도제목이다.

　아직도 나에게는 달려갈 길이 많이 남아 있으며, 내가 이 땅에서 담당해야할 선교적인 사역들도 많이 남아 있다. 젊은 날의 충성과 화려함이 마지막 날에 슬픔으로 바뀌지 않기를 기도하며 계속해서 끝나지 않은 나의 길을 묵묵히 달려가고 싶다. 하나님의 지팡이를 사역이 끝나는 날까지 놓지 않고 온전히 달려갔던 모세처럼, 하나님의 말씀과 사명을 가지고 온전히 그 길을 걷고 싶다. 마지막 주님앞에 서는 그 날이 나의 최선의 길이 되기를 간절히 소망한다.

나의 달려갈 길과 주 예수께 받은 사명 곧 하나님의 은혜의
복음 증거하는 일을 마치려 함에는 나의 생명을 조금도 귀한 것
으로 여기지 아니하노라 (행 20:24)